ⓦ 완자
공부력

KB118858

ⓠ 왜 공부력을 키워야 할까요?

쓰기력

정확한 의사소통의 기본기이며 논리의 바탕

연필을 잡고 종이에 쓰는 것을 괴로워한다!
맞춤법을 몰라 정확한 쓰기를 못한다!
말은 잘하지만 조리 있게 쓰는 것이 어렵다!
그래서 글쓰기의 기본 규칙을 정확히 알고
써야 공부 능력이 향상됩니다.

어휘력

교과 내용 이해와 독해력의 기본 바탕

어휘를 몰라서 수학 문제를 못 푼다!
어휘를 몰라서 사회, 과학 내용 이해가 안 된다!
어휘를 몰라서 수업 내용을 따라가기 어렵다!
그래서 교과 내용 이해의 기본 바탕을
다지기 위해 어휘 학습을 해야 합니다.

독해력

모든 교과 실력 향상의 기본 바탕

글을 읽었지만 무슨 내용인지 모른다!
글을 읽고 이해하는 데 시간이 오래 걸린다!
읽어서 이해하는 공부 방식을 거부하려고 한다!
그래서 통합적 사고력의 바탕인 독해 공부로
교과 실력 향상의 기본기를 닦아야 합니다.

계산력

초등 수학의 핵심이자 기본 바탕

계산 과정의 실수가 잦다!
계산을 하긴 하는데 시간이 오래 걸린다!
계산은 하는데 계산 개념을 정확히 모른다!
그래서 계산 개념을 익히고 속도와 정확성을
높이기 위한 훈련을 통해 계산력을 키워야 합니다.

세상이 변해도
배움의 즐거움은
변함없도록

시대는 빠르게 변해도
배움의 즐거움은
변함없어야 하기에

어제의 비상은
남다른 교재부터
결이 다른 콘텐츠
전에 없던 교육 플랫폼까지

변함없는 혁신으로
교육 문화 환경의 새로운 전형을
실현해왔습니다.

비상은 오늘, 다시 한번
새로운 교육 문화 환경을 실현하기 위한
또 하나의 혁신을 시작합니다.

오늘의 내가 어제의 나를 초월하고
오늘의 교육이 어제의 교육을 초월하여
배움의 즐거움을 지속하는 혁신,

바로, 메타인지학습을.

상상을 실현하는 교육 문화 기업 비상

메타인지학습
초월을 뜻하는 meta와 생각을 뜻하는 인지가 결합된 메타인지는
자신이 알고 모르는 것을 스스로 구분하고 학습계획을 세우도록 하는
궁극의 학습 능력입니다. 비상의 메타인지학습은 메타인지를 키워주어
공부를 100% 내 것으로 만들도록 합니다.

공부력

속담·한자 성어·관용어 카드

이 책에 나오는 **속담**, **한자 성어**, **관용어 카드**입니다.
배운 내용을 떠올리며 카드 놀이를 해 보세요.

속담

개천에서 용 난다

한자 성어

탁 상 공 론

卓	上	空	論
탁자	위	비다	의논하다

속담

두 손뼉이 맞아야 소리가 난다

한자 성어

난 공 불 락

難	攻	不	落
어렵다	공격하다	아니다	떨어지다

속담

하늘의 별 따기

한자 성어

칠 전 팔 기

七	顚	八	起
일곱	넘어지다	여덟	일어나다

속담

가지 많은 나무에 바람 잘 날이 없다

한자 성어

발 본 색 원

拔	本	塞	源
빼다	근본	막다	원인

현실성이 없는
헛된 이론이나 논의

어려운 환경에서
훌륭한 인물이 나오다.

공격하기가 어려워 쉽사리
함락되지 않는다.

무슨 일이든지 두 편에서
서로 뜻이 맞아야
이루어질 수 있다.

여러 번 실패하여도 굴하지
않고 꾸준히 노력하다.

무엇을 얻거나 이루어
내기가 매우 어렵다.

좋지 않은 일의 근본 원인을
완전히 없애 다시 그러한
일이 생기지 않게 하다.

자식을 많이 둔
어버이에게는 근심,
걱정이 끊일 날이 없다.

관계가 악화되거나
멀어지다.

어떤 일이든 끊임없이
노력하면 반드시
이루어진다.

욕심을 내어 눈여겨보다.

어떤 일에 몰두하여
조금도 쉴 사이 없이
밤낮을 가리지 않다.

오직 하나뿐이고
더 이상은 없다.

그 움직임을 쉽게 알 수
없을 만큼 자유롭게
나타나고 사라지다.

자극을 받아 마음이 깜짝
놀라거나 양심에 찔리다.

손을 묶은 것처럼 어찌할
도리가 없어 꼼짝 못 하다.

카드 활용 방법

❶ 카드 앞면에는 속담, 한자 성어, 관용어가, 카드 뒷면에는 뜻이 적혀 있어요.
❷ 카드를 점선을 따라 자른 후, 카드링으로 묶어요.
❸ 친구와 함께 문제를 내고 답하며 즐겁게 놀아요.

한자 성어

우 공 이 산

愚	公	移	山
어리석다	공평하다	옮기다	산

관용어

골이 깊어지다

한자 성어

불 철 주 야

不	撤	晝	夜
아니다	그만두다	낮	밤

관용어

눈독을 들이다

한자 성어

신 출 귀 몰

神	出	鬼	沒
귀신	나다	귀신	숨다

관용어

둘도 없다

한자 성어

속 수 무 책

束	手	無	策
묶다	손	없다	꾀

관용어

가슴이 뜨끔하다

완자

완자
공부력

초등 전과목
어휘 6B

초등 전과목 어휘
5-6학년군 구성

- 5A, 5B, 6A, 6B -

✔ 문학
서술 | 빗대다 | 함축 | 암시 | 전형적 등
24개 어휘 수록

✔ 문법
친밀감 | 단절 | 정체성 | 막론하다 | 가급적 등
8개 어휘 수록

국어 교과서

✔ 읽기
편향 | 그르다 | 선입견 | 허위 | 창의 등
8개 어휘 수록

✔ 말하기, 쓰기
모색 | 구체적 | 객관적 | 호소력 | 보편화 등
28개 어휘 수록

✔ 사회·문화
과도 | 달갑다 | 은은하다 | 미개 | 성취 등
20개 어휘 수록

✔ 환경, 법, 정치
처벌 | 주권 | 소수 | 선출 | 집행 등
44개 어휘 수록

사회 교과서

✔ 지역, 지리
거주 | 희박하다 | 재구성 | 매장량 | 비옥 등
12개 어휘 수록

✔ 역사
축조 | 신분 | 번성 | 풍자 | 창설 등
28개 어휘 수록

5~6학년 교과서에 나오는 필수 어휘를
과목별 주제에 따라 배우며 실력을 키워요!

수학 교과서

✔ **수**
분배 | 무수하다 | 최소한 | 나열 | 기원 등
16개 어휘 수록

✔ **도형**
맞붙이다 | 불문 | 거대 | 수직 | 성립 등
16개 어휘 수록

✔ **측정, 그래프, 통계**
비율 | 항목 | 구하다 | 애매 | 세밀하다 등
12개 어휘 수록

과학 교과서

✔ **생물, 몸**
양분 | 손상 | 지탱 | 침투 | 남짓 등
24개 어휘 수록

✔ **대기, 지구, 우주**
상승 | 온난화 | 관측 | 평행 | 감지 등
16개 어휘 수록

✔ **물질, 소리**
부패 | 과다 | 팽창 | 동결 | 증가 등
28개 어휘 수록

✔ **에너지, 기술**
과열 | 낙하 | 고갈 | 가열 | 훼손 등
36개 어휘 수록

특징과 활용법

하루 4쪽 공부하기

✳ 그림과 한자로
교과서 필수 어휘를
배우고 문제를 풀며
확장하여 익혀요.

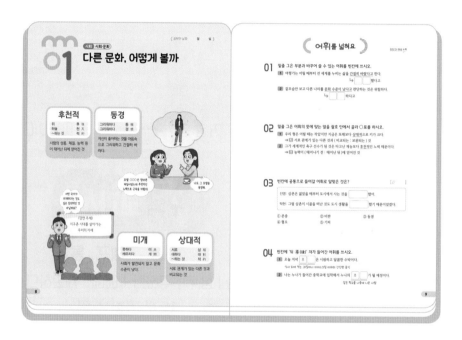

✳ 필수 어휘와 연관된
관용 표현과
문법을 배우고,
교과서 관련 글을
읽으며 어휘력을
키워요.

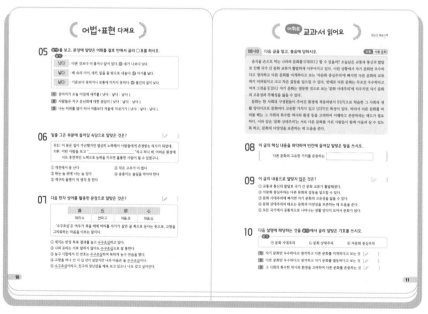

✔ 책으로 하루 4쪽씩 공부하며, 초등 어휘력을 키워요!

✔ 모바일앱으로 공부한 내용을 복습하고 몬스터를 잡아요!

공부한 내용 확인하기

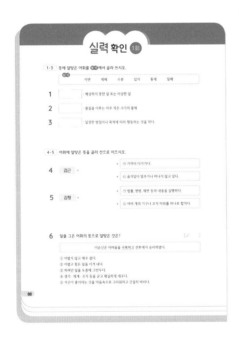

✱ 20일 동안 배운 어휘를 문제로
풀어 보며 자기의 실력을 확인해요.

모바일앱으로 복습하기

앱 다운받기

책 인증하기

✱ 그날 배운 내용을 바로바로,
또는 주말에 모아서 복습하고,
다이아몬드 획득까지!
공부가 저절로 즐거워져요!

차례

우리도 하루 4쪽 공부 습관!
스스로 공부하는 힘을
키워 볼까요?

큰 습관이
지금은 그 친구를 이끌고 있어요.
매일매일의 좋은 습관은 우리를 좋은
곳으로 이끌어 줄 거예요.

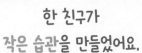

한 친구가
작은 습관을 만들었어요.

매일매일의 시간이 흘러
작은 습관은 큰 습관이 되었어요.

사회 | 사회·문화

01 다른 문화, 어떻게 볼까

후천적

뒤	후	後
하늘	천	天
~하는 것	적	的

사람의 성품, 체질, 능력 등이 태어난 뒤에 얻어진 것

동경

그리워하다	동	憧
그리워하다	경	憬

자신이 좋아하는 것을 마음속으로 그리워하고 간절히 바라다.

모델 ○○○은 깡마른 체질이었는데 후천적인 노력으로 근육을 키웠대.

나도 그 모델을 동경해.

어떤 국가가 미개하다는 것도 실은 상대적인 것 아닐까요?

〈강연 주제〉
지구촌 시대를 살아가는
우리의 자세

미개

못하다	미	未
깨우치다	개	開

사회가 발전되지 않고 문화 수준이 낮다.

상대적

서로	상	相
대하다	대	對
~하는 것	적	的

서로 관계가 있는 다른 것과 비교되는 것

어휘를 넓혀요

정답과 해설 6쪽

01 밑줄 그은 부분과 바꾸어 쓸 수 있는 어휘를 빈칸에 쓰시오.

1 여행가는 어릴 때부터 전 세계를 누비는 삶을 간절히 바랐다고 한다.

↳ ☐☐ 했다고

2 겉모습만 보고 다른 나라를 문화 수준이 낮다고 판단하는 것은 위험하다.

↳ ☐☐ 하다고

02 밑줄 그은 어휘의 뜻에 맞는 말을 괄호 안에서 골라 ○표를 하시오.

1 우리 형은 어릴 때는 작았지만 지금은 또래보다 상대적으로 키가 크다.

→ 뜻 서로 관계가 있는 다른 것과 (비교되는 | 보완되는) 것

2 그가 세계적인 축구 선수가 된 것은 타고난 재능보다 후천적인 노력 때문이다.

→ 뜻 능력이 (태어나기 전 | 태어난 뒤)에 얻어진 것

03 빈칸에 공통으로 들어갈 어휘로 알맞은 것은?　　　　　　　[✎　　]

> 진영: 삼촌은 젊었을 때부터 도시에서 사는 것을 ☐☐☐ 했어.
>
> 탁현: 그럼 삼촌이 시골을 떠난 것도 도시 생활을 ☐☐☐ 했기 때문이었겠다.

① 존중　　　　　　② 비판　　　　　　③ 동경
④ 혐오　　　　　　⑤ 기피

04 빈칸에 '뒤 후(後)' 자가 들어간 어휘를 쓰시오.

1 오늘 저녁 후☐ 은 시원하고 달콤한 수박이다.

　　식사 뒤에 먹는, 과일이나 아이스크림 따위의 간단한 음식

2 나는 누나가 들어간 중학교에 입학해서 누나의 후☐ 가 될 예정이다.

　　같은 학교를 나중에 나온 사람

05 보기를 보고, 문장에 알맞은 어휘를 괄호 안에서 골라 ○표를 하시오.

보기

낫다 : 다른 것보다 더 좋거나 앞서 있다. 예 네가 나보다 낫다.

낳다 : 배 속의 아이, 새끼, 알을 몸 밖으로 내놓다. 예 아기를 낳다.

낮다 : 기준보다 못하거나 보통에 미치지 못하다. 예 물건의 질이 낮다.

1 강아지가 오늘 아침에 새끼를 (낫다 | 낳다 | 낮다).

2 사람들은 지구 온난화에 대한 관심이 (낫다 | 낳다 | 낮다).

3 나는 더위를 많이 타서 여름보다 겨울에 지내기가 (낫다 | 낳다 | 낮다).

06 밑줄 그은 부분에 들어갈 속담으로 알맞은 것은? [✎]

유진: 이 분은 집이 가난했지만 열심히 노력해서 사람들에게 존경받는 의사가 되었대.
지후: 이런 사람을 보고 "_____"라고 하나 봐. 어려운 환경에서도 후천적인 노력으로 능력을 키우면 훌륭한 사람이 될 수 있겠구나.

① 개천에서 용 난다
② 작은 고추가 더 맵다
③ 뛰는 놈 위에 나는 놈 있다
④ 송충이는 솔잎을 먹어야 한다
⑤ 개구리 올챙이 적 생각 못 한다

07 다음 한자 성어를 활용한 문장으로 알맞은 것은? [✎]

首	丘	初	心
머리 수	언덕 구	처음 초	마음 심

'수구초심'은 여우가 죽을 때에 머리를 자기가 살던 굴 쪽으로 둔다는 뜻으로, 고향을 그리워하는 마음을 이르는 말이다.

① 세지는 반장 투표 결과를 놓고 <u>수구초심</u>하고 있다.
② 나와 유리는 서로 말하지 않아도 <u>수구초심</u>으로 잘 통한다.
③ 농구 시합에서 진 연호는 <u>수구초심</u>하여 독하게 농구 연습을 했다.
④ 고향을 떠나 산 지 십 년이 넘었지만 나의 마음은 늘 <u>수구초심</u>이다.
⑤ <u>수구초심</u>이라고, 친구의 장난감을 계속 보고 있으니 나도 갖고 싶어진다.

08~10 다음 글을 읽고, 물음에 답하시오. 〔사회〕 사회·문화

음식을 손으로 먹는 나라의 문화를 미개하다고 할 수 있을까? 오늘날은 교통과 통신의 발달로 인해 국가 간 문화 교류가 활발하게 이루어지고 있다. 이런 상황에서 자기 문화만 우수하다고 생각하고 다른 문화를 미개하다고 보는 '자문화 중심주의'에 빠지면 다른 문화와 교류하기 어려워지고 크고 작은 갈등을 일으킬 수 있다. 반대로 다른 문화는 무조건 우수하다고 여겨 그것을 동경하고 자기 문화는 열등한 것으로 보는 '문화 사대주의'에 치우치면 자기 문화의 고유성과 주체성을 잃을 수 있다.

문화는 한 사회의 구성원들이 주어진 환경에 적응하면서 후천적으로 학습한 그 사회의 생활 양식이므로 문화마다 고유한 가치가 있고 상대적인 특성이 있다. 따라서 다른 문화를 바라볼 때는 그 사회의 특수한 역사와 환경 등을 고려하여 이해하고 존중하려는 태도가 필요하다. 이와 같은 '문화 상대주의'는 서로 다른 문화를 가진 사람들이 함께 어울려 살 수 있도록 하고, 문화의 다양성을 보존하는 데 도움을 준다.

08 이 글의 핵심 내용을 파악하여 빈칸에 들어갈 알맞은 말을 쓰시오.

다른 문화의 고유한 가치를 존중하는 [   ]

09 이 글의 내용으로 알맞지 <u>않은</u> 것은? [✎   ]

① 교통과 통신의 발달로 국가 간 문화 교류가 활발해졌다.
② 자문화 중심주의는 다른 문화와 갈등을 일으킬 수 있다.
③ 문화 사대주의에 빠지면 자기 문화의 고유성을 잃을 수 있다.
④ 문화 상대주의의 태도는 문화의 다양성을 보존하는 데 도움을 준다.
⑤ 모든 국가에서 공통적으로 나타나는 생활 양식이 모여서 문화가 된다.

10 다음 설명에 해당하는 것을 보기 에서 골라 알맞은 기호를 쓰시오.

보기
　ㄱ 문화 사대주의　　　ㄴ 문화 상대주의　　　ㄷ 자문화 중심주의

1 자기 문화만 우수하다고 생각하고 다른 문화를 미개하다고 보는 것 [✎   ]
2 다른 문화만 우수하다고 생각하고 자기 문화를 열등하다고 보는 것 [✎   ]
3 그 사회의 특수한 역사와 환경을 고려하여 다른 문화를 존중하는 것 [✎   ]

02

이럴 땐 표준어, 저럴 땐 방언

맞아!

얘가 너지? 우리가
친근한 사이라서 그런지
찾기가 용이한 걸.

친근하다

| 친하다 | 친 親 |
| 가깝다 | 근 近 |

사귀어 지내는 사이가 아주
가깝고 다정하다.

용이하다

| 쉽다 | 용 容 |
| 쉽다 | 이 易 |

어렵지 않고 매우 쉽다.

교양 과목 신청자가
적어서 두 반을 통합해서
운영하기로 했어요.

교양

| 가르치다 | 교 教 |
| 기르다 | 양 養 |

학문, 지식, 사회생활을 바탕
으로 이루어지는 품위 또는
문화에 대한 폭넓은 지식

통합

| 합치다 | 통 統 |
| 합하다 | 합 合 |

여러 개의 기구나 조직 따위
를 하나로 합치다.

01 밑줄 그은 어휘의 뜻에 맞는 말을 괄호 안에서 골라 ○표를 하시오.

1 개는 아주 오래전부터 사람에게 <u>친근한</u> 동물이다.
→ 뜻 사귀어 지내는 사이가 아주 (멀고 | 가깝고) 다정하다.

2 미술관에 가면 미술 작품에 대한 <u>교양</u>을 쌓을 수 있다.
→ 뜻 문화에 대한 (적은 | 폭넓은) 지식

02 빈칸에 공통으로 들어갈 알맞은 어휘를 쓰시오.

- 통일 신라는 고구려, 백제, 신라를 ☐☐하였다.
- 우리 학교는 도서관과 학습실, 휴게실을 ☐☐하여 쉼터로 만들었다.

03 빈칸에 들어갈 어휘로 알맞지 <u>않은</u> 것은?

이 기계는 바퀴가 달려 있어 이동이 ☐☐☐.

① 쉽다   ② 편리하다   ③ 용이하다
④ 곤란하다   ⑤ 수월하다

04 뜻과 예문을 보고, 빈칸에 들어갈 알맞은 글자를 쓰시오.

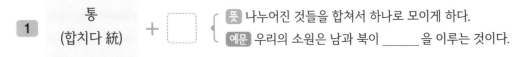

1 통 (합치다 統) + ☐ { 뜻 나누어진 것들을 합쳐서 하나로 모이게 하다.
예문 우리의 소원은 남과 북이 _____을 이루는 것이다. }

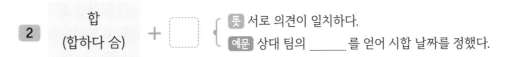

2 합 (합하다 合) + ☐ { 뜻 서로 의견이 일치하다.
예문 상대 팀의 _____를 얻어 시합 날짜를 정했다. }

어법+표현 다져요

05 보기를 보고, 빈칸에 들어갈 알맞은 어휘를 쓰시오.

보기

거리가 가깝다 ➡ 가까운 거리

'가깝다'에 '‐ㄴ'이 붙으면 받침의 'ㅂ'이 '우'로 바뀐다.

1 날씨가 <u>춥다</u>. ➡ [　　　　　] 날씨

2 고기를 <u>굽다</u>. ➡ [　　　　　] 고기

3 기술이 <u>새롭다</u>. ➡ [　　　　　] 기술

06 밑줄 그은 부분과 뜻이 통하는 속담으로 알맞은 것은? [✎ 　　]

세미: 진호야, 떡볶이 만들 줄 알아?
진호: 내가 요리를 얼마나 잘하는데! 떡볶이 정도야 <u>매우 쉽게 할 수 있지</u>.

① 누워서 침 뱉기
② 땅 짚고 헤엄치기
③ 다 된 죽에 코 풀기
④ 고양이 목에 방울 달기
⑤ 닭 잡아먹고 오리 발 내놓기

07 밑줄 그은 한자 성어의 뜻으로 알맞은 것은? [✎ 　　]

　민우와 나는 유치원 때부터 한 동네 친구로 자랐다. 어릴 때는 싸움도 많이 했지만, 지금은 서로 모르는 것이 없는 하나뿐인 '<u>막역지우(莫逆之友)</u>'이다.

① 오랫동안 헤어져 있는 친구
② 허물이 없이 아주 친한 친구
③ 최근에 사이가 가까워진 친구
④ 서로 얼굴만 알고 지내는 친구
⑤ 어린 시절에만 알고 지냈던 친구

다음 글을 읽고, 물음에 답하시오.

표준어는 한 나라에서 표준으로 쓰는 말로, 우리나라에서는 '교양 있는 사람들이 두루 쓰는 현대 서울말'을 표준어로 정해 놓았다. 표준어는 모든 국민의 의사소통을 원활하게 하여 국민을 통합하는 데 도움을 주고, 지식이나 정보를 나누는 데 용이하다. 방언은 어느 한 지역에서만 쓰는, 표준어가 아닌 말이다. 방언은 그 지역의 문화와 역사, 정서를 담고 있어서 우리말의 옛 모습과 그 지역의 특색을 보여 준다.

표준어와 방언은 대화 상황이나 상대에 따라 적절히 사용하는 것이 좋다. 표준어는 공식적인 자리에서 발표할 때나 신문이나 방송 매체에서 보도할 때 사용하면 의사소통이 잘 이루어질 수 있다. 방언은 문학 작품이나 드라마, 영화 등에서 지역 특색을 강조하기 위해 사용하면 생생한 느낌을 줄 수 있다. 또한 방언은 같은 지역 사람과 대화할 때 사용하면 친근한 느낌을 줄 수 있다. 하지만 다른 지역 사람과 대화할 때에는 상대가 방언을 이해하지 못할 수 있으므로 방언보다는 표준어를 사용하는 것이 좋다.

08 이 글의 핵심 내용을 파악하여 빈칸에 들어갈 알맞은 말을 쓰시오.

{ ⬚⬚⬚⬚⬚⬚⬚ 와 방언의 뜻과 각각을 사용하면 좋은 상황 }

09 이 글의 내용과 일치하지 <u>않는</u> 것은? [✎]

① 표준어는 국민을 통합하는 데 도움이 된다.
② 방언에는 우리말의 옛 모습과 지역의 특색이 담겨 있다.
③ 문학 작품에 방언을 사용하면 생생한 느낌을 줄 수 있다.
④ 지식이나 정보를 나눌 때에는 표준어를 사용하는 것이 좋다.
⑤ 표준어가 방언보다 수준이 높은 말이므로 되도록 표준어를 사용해야 한다.

10 다음 상황에서 사용하면 좋은 말을 괄호 안에서 골라 ○표를 하시오.

1 텔레비전 뉴스에서 소식을 전할 때: (표준어 | 방언)

2 경상도가 배경인 연극에서 대사를 할 때: (표준어 | 방언)

3 여러 지역 사람들이 모인 곳에서 강연을 할 때: (표준어 | 방언)

03 내 위치를 알고 싶다면

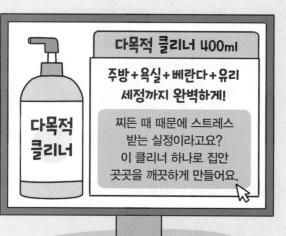

다목적 클리너 400ml

주방＋욕실＋베란다＋유리
세정까지 완벽하게!

찌든 때 때문에 스트레스
받는 실정이라고요?
이 클리너 하나로 집안
곳곳을 깨끗하게 만들어요.

다목적
클리너

다목적

많다	다	多
보다	목	目
목표	적	的

여러 가지 목적

실정

| 바탕 | 실 | 實 |
| 사실 | 정 | 情 |

어떤 일의 실제 사정이나 형
편

과제에 필요한
자료를 다 수집했어!

이제 그 자료들을
재구성하는 일만
남았네.

수집

| 모으다 | 수 | 蒐 |
| 모으다 | 집 | 集 |

취미나 연구를 위하여 어떤
물건이나 자료 따위를 찾아
서 모으다.

재구성

다시	재	再
얽다	구	構
이루다	성	成

다시 새롭게 짜다.

01 밑줄 그은 부분과 바꾸어 쓸 수 있는 어휘를 빈칸에 쓰시오.

1 이야기의 주요 내용을 그림으로 <u>다시 새롭게 짰다.</u>

↳ ☐☐☐ 했다

2 이곳은 교육, 휴식, 문화 예술 등 <u>여러 가지 목적으로</u> 사용한다.

↳ ☐☐☐

02 빈칸에 공통으로 들어갈 알맞은 어휘를 쓰시오.

- 나는 예쁜 스티커를 ☐☐ 하는 취미가 있다.

- 탐구 활동 보고서를 쓰기 위해 관련 자료를 ☐☐ 했다.

03 다음 표에서 뜻이 비슷한 어휘를 골라 ○표를 하시오.

1

수집하다

⊣ 비슷한 뜻 ⊢

모으다 | 나누다 | 버리다

2

실정

⊣ 비슷한 뜻 ⊢

실시 | 실태 | 실험

04 '다(多)' 자가 들어간 **보기**의 어휘 중 빈칸에 알맞은 어휘를 골라 쓰시오.

보기
다방면(많다 多, 방향 方, 향하다 面)   다국적(많다 多, 나라 國, 등록 籍)

효진: 이 책을 보면 ❶ ☐☐☐☐ 기업의 영향력이 얼마나 큰지 알 수 있어.

여러 나라가 참여하거나 여러 나라의 것이 함께 섞여 있다.

광희: 나는 만화책도 겨우 읽는데 너는 ❷ ☐☐☐☐ 의 책을 읽는구나.

여러 방면

05 보기를 보고, 밑줄 그은 어휘의 발음으로 바른 것을 [ ] 안에서 골라 ◯표를 하시오.

> **보기**
>
> 받침 'ㄱ, ㄷ, ㅂ' 다음에 'ㄱ, ㄷ, ㅂ, ㅅ, ㅈ'이 오면 된소리인 'ㄲ, ㄸ, ㅃ, ㅆ, ㅉ'로 발음한다. 예 국수[국쑤]를 끓여 먹었다.

1 누나가 방문을 닫고[닫고 | 닫꼬] 오라고 했다.

2 병원 입구[입구 | 입꾸]에 진료 시간 안내문이 붙어 있다.

3 오래된 실내 체육관이 다목적[다목적 | 다목쩍] 체육관으로 바뀔 예정이다.

06 밑줄 그은 부분에 들어갈 속담으로 알맞은 것은?

> 재호: 세상에. 이 펜이 다 네 거야? 온갖 종류가 다 있네.
> 지후: "＿＿＿＿＿＿＿＿＿＿＿＿"(이)라더니, 펜 수집하는 것이 취미라 한 자루 두 자루 사 모으다 보니 이렇게 많아졌어.

① 우물 안 개구리　　　　　　② 티끌 모아 태산
③ 바늘 가는 데 실 간다　　　④ 배보다 배꼽이 더 크다
⑤ 빈 수레가 더 요란하다

07 밑줄 그은 부분에 들어갈 내용으로 알맞은 것은?

卓	上	空	論
탁자 **탁**	위 **상**	비다 **공**	논의하다 **론**

'탁상공론'은 탁자 위에서만 나누는 쓸데없는 논의를 말한다. 즉, '실제 사정이나 형편을 고려하지 않고 ＿＿＿＿＿＿＿＿＿＿＿＿'라는 뜻이다. 예를 들어 '학급 회의는 별다른 소득 없이 <u>탁상공론</u>으로 끝났다.'와 같이 사용한다.

① 근거가 없이 논의를 하다.
② 현실성이 없는 헛된 논의를 하다.
③ 매우 적절하고 공평하게 논의를 하다.
④ 여러 사람이 자세하게 충분히 논의를 하다.
⑤ 여러 사람이 서로 자신의 주장만 내세우다.

08~10 다음 글을 읽고, 물음에 답하시오. `사회` `지리`

> 지리 정보 기술은 장소나 지역에 관한 지식과 정보를 수집해서 생활에 이용하는 기술을 말한다. 최근에는 정보 통신 기술과 인공위성을 활용한 지리 정보 시스템(GIS), 위성 위치 확인 시스템(GPS), *원격 탐사 등으로 장소나 지역에 대한 정보를 쉽게 얻고 이용할 수 있게 되었다. 지리 정보 기술은 이렇게 수집한 정보를 필요에 따라 재구성하여 제공한다.
>
> 지리 정보 기술은 어떻게 이용되고 있을까? 개인은 인터넷이나 스마트폰의 지도 서비스에서 현재 위치, 교통, 음식점, 주유소, 은행, 병원 등의 다양한 정보를 얻을 수 있다. 지방 자치 단체는 지리 정보 기술을 이용해 각 지역의 실정에 맞는 정책을 펼칠 수 있다. 국가는 자연재해 및 위기 상황을 관리할 때, 다목적 댐이나 철도 같은 시설물의 위치를 정할 때, 국토 개발 계획을 세울 때 등에 지리 정보 기술을 활용할 수 있다.
>
> * 원격 탐사: 인공위성 등을 활용해 넓은 지역의 지리 정보를 수집하는 것

08 이 글의 핵심 내용을 파악하여 빈칸에 들어갈 알맞은 말을 쓰시오.

{ [   ]의 뜻과 활용 }

09 지리 정보 기술에 대한 설명으로 알맞은 것은? [✎   ]

① 인터넷을 통해 사람들의 생각을 연구한다.
② 행성의 정보를 수집하여 우주를 조사한다.
③ 장소나 지역이 지닌 역사적 가치를 조사한다.
④ 인공위성을 통해 지구 내부의 움직임을 연구한다.
⑤ 장소나 지역에 대한 정보를 수집하여 재구성한다.

10 지리 정보 기술을 활용하는 방법으로 알맞지 <u>않은</u> 것은? [✎   ]

① 인터넷에서 개인의 정보를 보호할 때 사용한다.
② 각 지역의 실정에 맞는 정책을 결정할 때 사용한다.
③ 자연재해가 일어났을 때 상황을 관리하기 위해 사용한다.
④ 스마트폰의 지도 서비스에서 현재 위치를 찾을 때 사용한다.
⑤ 국가에서 댐이나 철도 같은 시설물의 위치를 정할 때 사용한다.

과학 **물질**

04 여름에 더 냄새나는 이유

정지

| 멈추다 | 정 | 停 |
| 그치다 | 지 | 止 |

움직이고 있던 것이 멈추다.

활발하다

| 생기가 있다 | 활 | 活 |
| 힘차다 | 발 | 潑 |

매우 힘차고 기운이 있다.

○○ 크림 하나면
피부 나이 정지

피지 분비가 활발한
지성 피부를 위한 모공 관리 제품

수분 크림

산뜻함이 오래 머무르는
△△ 파우더

부드러운 입자가 피부를
보송보송하게 만들어 줘요.

머무르다

움직임이 멈추거나 떠나지
않고 있다.

입자

| 낱알 | 입 | 粒 |
| 아주 작은 것 | 자 | 子 |

물질을 이루는 아주 작은 크
기의 물체

01 밑줄 그은 어휘의 뜻에 맞는 말을 괄호 안에서 골라 ○표를 하시오.

1 반장은 성격이 <u>활발해서</u> 친구가 많다.
→ 뜻 매우 (여리고 │ 힘차고) 기운이 (있다 │ 없다).

2 아버지는 신호등이 빨간불로 바뀌자 차를 <u>정지</u>했다.
→ 뜻 움직이고 있던 것이 (멈추다 │ 더 바쁘게 움직이다).

02 빈칸에 공통으로 들어갈 알맞은 어휘를 쓰시오.

- 바닷가에 펼쳐진 모래의 [ ][ ]가 무척 보드랍다.

- 어머니는 밀가루를 체에 걸러서 [ ][ ]를 곱게 만드셨다.

03 밑줄 그은 어휘가 어떤 뜻으로 쓰였는지 알맞게 선으로 이으시오.

1 버스는 정류장에 잠시 <u>머무르다가</u> 곧 떠났다. •

2 주호의 성적은 늘 하위권에 <u>머무르고</u> 있다. •

• ㉠ 움직임이 멈추거나 떠나지 않고 있다.

• ㉡ 더 나아가지 못하고 일정한 수준이나 범위에 그치다.

04 다음 표에서 뜻이 반대되는 어휘를 골라 ○표를 하시오.

1 머무르다

반대의 뜻

있다 │ 남다 │ 떠나다

2 정지

반대의 뜻

마비 │ 중지 │ 진행

05 보기를 보고, 〔   〕 안의 말 중에서 표기가 바른 것을 골라 ○표를 하시오.

> **보기**
>
> '서둘다', '머물다', '서툴다'는 각각 '서두르다', '머무르다', '서투르다'의 준말이다. '-어'는 준말인 '서둘다', '머물다', '서툴다' 뒤에는 붙지 못하고, '서두르다', '머무르다', '서투르다' 뒤에만 붙을 수 있다.

1 늦잠을 자서 〔 서둘어 / 서둘러 〕 준비를 하고 집을 나섰다.

2 할머니는 돌아가셨지만 내 마음에 늘 〔 머물어 / 머물러 〕 있다.

3 지금은 〔 서툴어도 / 서툴러도 〕 연습을 계속하면 실력이 늘 거야.

06 밑줄 그은 부분과 뜻이 통하는 관용 표현으로 알맞은 것은? [✎   ]

> 예지: 몇 시간을 앉아서 일만 했더니 머리가 너무 아파.
> 선우: 우리 잠시 <u>하던 일을 멈추고</u> 바람 좀 쐬고 오자.

① 손이 닿다   ② 손을 놓다   ③ 손을 쓰다
④ 손을 거치다   ⑤ 손을 내밀다

07 밑줄 그은 부분에 공통으로 들어갈 한자 성어로 알맞은 것을 골라 ✓표를 하시오.

> • 군인들은 적을 상대로 _____ 하게 싸웠다.
> • 강아지가 위기에 처한 주인을 _____ 하게 지켰다.

☐ 전전긍긍(戰戰兢兢)
몹시 두려워서 벌벌 떨며 조심하다.

☐ 용감무쌍(勇敢無雙)
용기가 있으며 씩씩하고 기운이 넘치다.

☐ 배은망덕(背恩忘德)
남에게 입은 은혜를 저버리고 배신하다.

08~10 다음 글을 읽고, 물음에 답하시오. `과학` `물질`

공기와 같은 기체는 눈에 보이지 않는 매우 작은 입자들로 이루어져 있다. 이 기체 입자들은 서로 떨어진 채 골고루 퍼져 있으며, 정지해 있지 않고 끊임없이 스스로 움직이는 성질이 있다. 누군가가 방귀를 뀌면 멀리 떨어진 곳에서도 냄새를 맡을 수 있는 것은 방귀 냄새 입자가 한곳에 머물러 있지 않고 스스로 움직여 사방으로 퍼져 나가기 때문이다. 이처럼 물질을 이루는 입자가 스스로 움직여 퍼져 나가는 현상을 '확산'이라고 한다.

부엌에서 요리를 하면 멀리 있는 방에서도 음식 냄새를 맡을 수 있거나, 향수병의 뚜껑을 열어 놓으면 방 안 전체로 향수 냄새가 퍼지는 것도 기체 입자가 확산하여 일어나는 현상이다. 그렇다면 ㉠겨울보다 여름에 냄새가 더 많이 나는 까닭은 무엇일까? 그 까닭은 확산이 잘 일어나는 조건에서 찾을 수 있다. 기체 입자는 온도가 높을수록 활발하게 움직여 빠르게 확산된다. 그래서 기온이 높은 여름일수록 냄새가 더 심하게 나는 것이다.

08 이 글의 핵심 내용을 파악하여 빈칸에 들어갈 알맞은 말을 쓰시오.

기체 입자의 운동으로 일어나는 현상인 〔　　　　　〕

09 다음 중 기체 입자의 확산 현상에 해당하지 <u>않는</u> 것은? 〔 ✎　〕

① 꽃향기가 공기 중으로 퍼지는 것
② 공기 중에서 담배 연기가 퍼지는 것
③ 전자 모기향을 피워 모기를 쫓는 것
④ 젖은 빨래를 널면 빨래가 마르는 것
⑤ 마약 탐지견이 냄새로 마약을 찾는 것

10 ㉠의 답으로 알맞은 것은? 〔 ✎　〕

① 온도가 높을수록 확산 속도가 빠르기 때문에
② 습도가 높을수록 확산 속도가 빠르기 때문에
③ 온도가 높을수록 확산 속도가 느리기 때문에
④ 습도가 높을수록 확산 속도가 느리기 때문에
⑤ 기압이 높을수록 확산 속도가 느리기 때문에

수학 수

위대한 숫자 '0'

이 맛있는 콜라의 기원은 무엇일까?

김빠진 콜라의 용법에는 어떤 게 있을까?

기원

| 일어나다 | 기 起 |
| 근본, 원인 | 원 源 |

사물이 처음으로 생기다. 또는 생기게 된 원인

용법

| 쓰다 | 용 用 |
| 방법 | 법 法 |

사용하는 방법

정부는 보육 교사 자격 제도를 정비하는 등 아동 돌봄 체계를 확립할 것을 밝혔습니다.

자격

| 바탕 | 자 資 |
| 자리 | 격 格 |

어떤 신분이나 지위를 가지거나 일을 하는 데 필요한 조건이나 능력

확립

| 굳다 | 확 確 |
| 세우다 | 립 立 |

생각·체계·조직 등을 굳고 확실하게 세우다.

01 밑줄 그은 부분과 바꾸어 쓸 수 있는 어휘를 빈칸에 쓰시오.

1 청소년기는 자신의 정체성을 <u>굳고 확실하게 세우는</u> 시기이다.

↳ ☐☐ 하는

2 어머니는 물건을 사면 꼭 <u>사용하는 방법</u>을 적은 설명서를 읽어 보신다.

↳ ☐☐

02 밑줄 그은 어휘와 뜻이 비슷한 어휘를 골라 ✓표를 하시오.

성실하고 친구들을 잘 챙기는 혜미는 반장이 될 <u>자격</u>이 충분하다.

☐ 책임　　☐ 능력　　☐ 의무　　☐ 성격

03 밑줄 그은 어휘의 뜻을 **보기**에서 골라 알맞은 기호를 쓰시오.

보기

㉠ 바라는 일이 이루어지기를 빌다.

㉡ 사물이 처음으로 생기다. 또는 생기게 된 원인

1 민주 정치의 <u>기원</u>은 고대 그리스에서 출발한다. [✎　　]

2 엄마는 형의 합격을 비는 간절한 <u>기원</u>을 드렸다. [✎　　]

04 빈칸에 '굳다 확(確)' 자가 들어간 어휘를 쓰시오.

1 그는 확☐ 한 의지를 갖고 새로운 일에 도전했다.

태도나 상황 따위가 튼튼하고 굳다.

2 이번 시합에서는 우리 팀이 반드시 이기리라는 확☐ 이 든다.

굳게 믿다. 또는 그런 마음

어법＋표현 다져요

05 보기를 참고했을 때, '로서'가 잘못 쓰인 문장은?　[✏️ 　]

> **보기**
>
> | 로서 | : 지위나 신분, 자격을 나타낸다. 예 친구로서 충고 하나만 할게. |
> |---|---|
> | 로써 | : 어떤 물건의 재료 또는 어떤 일의 수단이나 도구를 나타낸다. 예 쌀로써 떡을 만든다. |

① 말로서 천 냥 빚을 갚는다고 한다.
② 소비자로서 불편한 점이 있다면 말씀해 주십시오.
③ 그녀는 이번에 유명 작가로서 이름을 떨치게 되었다.
④ 교사로서 제가 학생들에게 가르치고 싶은 것은 인생과 사랑입니다.
⑤ 이 수도원은 바로크 양식의 건축물로서 넓고 아름다운 정원이 유명하다.

06 보기를 보고, 띄어쓰기가 바른 것을 괄호 안에서 골라 ○표를 하시오.

> **보기**
>
> '데'가 '곳, 장소, 일, 것, 경우'의 뜻을 나타낼 때에는 앞말과 띄어 쓴다. '데'가 '-ㄴ데, -는데, -던데, -은데' 꼴로 쓰여 어떠한 상황을 미리 말할 때에는 앞말에 붙여 쓴다.
>
> | 지금 가는 데가 어디니? | 날씨가 추운데 겉옷을 입어라. |
> |---|---|
> | '장소'를 나타냄. | '상황'을 나타냄. |

1 집에 (가는데 ┃ 가는 데) 갑자기 비가 왔다.

2 이 약은 머리 (아픈데 ┃ 아픈 데) 먹는 약이다.

3 새로운 제도를 (확립하는데 ┃ 확립하는 데) 오랜 시간이 걸렸다.

4 내가 (알아보았는데 ┃ 알아보았는 데) 설명서에 적힌 용법이 틀렸다.

07 밑줄 그은 한자 성어의 뜻으로 알맞은 것은?　[✏️ 　]

> ○○시에서 건물 붕괴 사고가 일어났다. 조사 결과 이 건물은 불법으로 설계했던 것보다 더 크게 지었다가 건물을 지탱하는 철근이 무게를 이기지 못하고 무너진 것으로 밝혀졌다. ○○시에서는 불법 건축물을 '발본색원(拔本塞源)'해야 한다며 대책을 마련하기로 했다.

① 원인에 따라 결과가 생긴다.
② 옳지 않은 원인을 모조리 없애다.
③ 원인 없이 어떤 일이 갑자기 일어나다.
④ 어떤 일의 원인은 가장 가까운 데 있다.
⑤ 지나친 행복은 오히려 재앙의 원인이 된다.

08~10 다음 글을 읽고, 물음에 답하시오.　　　　수학 수

　　숫자 '0'의 기원은 인도에서 찾을 수 있다. 우리가 사용하는 인도-아라비아 숫자는 처음에는 1에서 9까지 있었다. 그런데 '0'이라는 개념은 없어서 '309'라는 수를 표현하려면 '3'과 '9' 사이에 빈 공간을 두어 표현했다. 그런데 이 방법은 '309'와 '39'가 헷갈릴 수 있는 단점이 있었다. 그래서 인도인들은 빈 공간에 동그라미(●, ○)를 넣어 사용하다가 '0'이라는 '기호'를 만들어 냈다. 이후 어떤 수에 '0'을 더하면 어떤 수 자신이 되고, 어떤 수에 '0'을 곱하면 항상 '0'이 된다는 사실을 발견하면서 '0'도 '숫자'로서의 자격을 인정받게 되었다.

　　숫자 '0'을 쓰면서 우리의 생활은 편리해졌다. 1에서 9까지 9개의 숫자와 '0'을 써서 10이 될 때마다 한 자리씩 올려가는 계산법이 확립되면서 계산이 무척 쉬워졌다. 또 '1'과 '10', '100', '1000' 등을 구별할 수 있게 '0'은 자릿수를 표현해 주었다. 이밖에도 숫자 '0'의 용법은 다양하다. '0'은 아무것도 없다는 뜻으로 사용되고, 크기를 잴 때 시작점을 알려 준다. 수학의 역사에서 '0'의 발견은 참으로 위대한 일이다.

08 이 글의 핵심 내용을 파악하여 빈칸에 공통으로 들어갈 알맞은 숫자를 쓰시오.

{ '⬚'의 기원과 '⬚'의 사용 방법 }

09 이 글의 내용과 일치하지 않는 것은?　　　[✎　　]

① '0'이 생기면서 계산이 쉬워졌다.
② '0'은 기호였다가 나중에 숫자로 인정받았다.
③ 어떤 수에 '0'을 더하면 어떤 수 자신이 된다.
④ '0'은 1부터 9까지의 수보다 먼저 만들어졌다.
⑤ '0'이 없을 때 '0' 대신에 동그라미를 사용하기도 했다.

10 숫자 '0'의 사용과 '0'이 뜻하는 내용이 알맞지 않은 것은?　　　[✎　　]

① 99 다음의 수를 '100'으로 나타낸다.
② '0시'는 하루의 시작인 아침을 뜻한다.
③ 자에서 시작점을 나타내는 수는 '0'이다.
④ 통장 잔액이 '0원'이면 돈이 없다는 뜻이다.
⑤ '40000'은 4 뒤에 '0'을 4개 써서 4만을 나타낸다.

국어 문학

고전 소설을 알아봐요

전형적

법	전	典
본보기	형	型
~하는 것	적	的

같은 갈래에 속하는 것들의 특징을 가장 잘 나타내는 것

극복

| 이기다 | 극 | 克 |
| 일 | 복 | 服 |

어렵고 힘든 일을 이겨 내다.

자네는 전형적인 노력파군. 힘든 과정을 다 극복하고 이렇게 성장하다니.

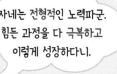

자신감 결여로 괴로웠는데…….
감사합니다. 도자기 공예 전승에 더욱 힘쓰겠습니다.

결여

| 없다 | 결 | 缺 |
| 같다 | 여 | 如 |

마땅히 있어야 할 것이 빠져서 없거나 모자라다.

전승

| 전하다 | 전 | 傳 |
| 잇다 | 승 | 承 |

이전의 문화·풍속·제도 등을 물려받아 이어 가다.

어휘를 넓혀요

정답과 해설 11쪽

01 밑줄 그은 어휘의 뜻에 맞게 빈칸에 들어갈 알맞은 말을 쓰시오.

1 그는 양심이 <u>결여</u>된 사람이다.

→ 뜻 마땅히 있어야 할 것이 빠져서 ☐☐.

2 정아는 행동이 반듯하고 공부도 잘하는 <u>전형적</u>인 모범생이다.

→ 뜻 같은 갈래에 속하는 것들의 ☐☐을 가장 잘 나타내는 것

02 다음 표에서 뜻이 비슷한 어휘를 골라 ○표를 하시오.

1

전승하다

⌐ 비슷한 뜻

물려주다 | 그만두다 | 사라지다

2

극복하다

⌐ 비슷한 뜻

이기다 | 피하다 | 망치다

03 밑줄 그은 어휘와 뜻이 반대되는 어휘를 골라 ✓표를 하시오.

영미: ○○○ 선수가 아직 슬럼프를 <u>극복</u>하지 못하고 있대.
윤철: 아마도 잇따른 부상 때문에 자신감이 <u>결여</u>된 것이 원인인 것 같아.

☐ 떨어진 ☐ 충분한 ☐ 부족한 ☐ 모자란

04 빈칸에 '전하다 전(傳)' 자가 들어간 어휘를 쓰시오.

1 감기는 기침 등 공기를 통해 전☐되는 경우가 많다.
　　　　　　　　병이 남에게 옮다.

2 우리 동네 뒷산에는 예로부터 전해져 내려오는 전☐이 있다.
　　　　　　　　오래전부터 전해 내려오는 이야기

05 보기를 보고, 괄호 안에서 알맞은 어휘를 골라 ○표를 하시오.

> **보기**
>
> | 내다 | : 앞의 말이 나타내는 행동을 스스로의 힘으로 끝내 이루다.
>
>   예 아픔을 혼자서 참아 내다.
>
> | 가다 | : 앞의 말이 나타내는 행동이나 상태가 계속되거나 진행되다.
>
>   예 친구의 목소리가 점점 커져 가다.

1 물을 주지 않아 꽃이 시들어 (내다 | 가다).

2 그는 젊은 시절의 고생을 이겨 (내다 | 가다).

3 도자기 공예의 전통을 제자가 이어 (내다 | 가다).

4 진수가 유리에 묻은 페인트를 겨우 닦아 (내다 | 가다).

06 밑줄 그은 관용 표현의 뜻을 알맞게 선으로 이으시오.

1 지우는 내게 둘도 없는 친구이다. •

2 나는 반장이 되고 싶은 생각이 꿈에도 없다. •

3 그는 쥐뿔도 없으면서 친구에게 큰소리쳤다. •

• ㉠ 아무것도 없다.

• ㉡ 생각조차 해 본 일이 없다.

• ㉢ 오직 하나뿐이고 더 이상은 없다.

07 다음 내용과 관련 있는 한자 성어로 알맞은 것을 골라 ✓표를 하시오.

> 이모는 운전을 하려고만 하면 심하게 긴장을 해서 운전면허 시험을 세 번이나 떨어졌다. 하지만 포기하지 않고 계속 운전 연습을 하며 긴장하는 습관을 극복했고, 네 번째 도전한 끝에 운전면허를 땄다.

☐ 팔방미인(八方美人)
모든 분야에서 뛰어난 사람

☐ 다재다능(多才多能)
재주와 능력이 여러 가지로 많다.

☐ 칠전팔기(七顚八起)
여러 번 실패해도 포기하지 않고 계속 노력하다.

08~10 다음 글을 읽고, 물음에 답하시오.   국어 문학

우리나라는 조선 시대에 소설이 등장했다. 이때부터 19세기 이전에 지어진 소설을 ㉠고전 소설이라고 한다. 고전 소설의 대부분은 입에서 입으로 전승되다가 한글이 만들어진 뒤에 기록되어 작가가 분명하지 않은 작품이 많다.

고전 소설은 다음과 같은 특징을 보인다. 첫째, 주로*권선징악을 주제로 한다. 「흥부전」에서 마음씨 착한 흥부는 복을 받고, 욕심이 많은 놀부는 벌을 받는다. 둘째, 인물의 성격이 처음부터 끝까지 변하지 않고, 전형적이다. 「심청전」의 심청은 효녀의 전형을 보여 주는 인물로, 어떠한 어려움에도 변함없이 효를 지키며 고난을 극복한다. 셋째, 인과 관계가 결여된 사건들이 우연하게 일어나고, 현실과 거리가 먼 사건이나 장소가 등장한다. 「토끼전」에서는 현실에서는 볼 수 없는 곳인 용궁이 배경으로 나온다. 넷째, 사건들이 시간의 흐름에 따라 전개된다. 「홍길동전」에서는 홍길동이 태어나고 성장하여 율도국의 왕이 되기까지의 일생이 시간 순서대로 나타난다.

* **권선징악**(권하다 勸, 착하다 善, 벌주다 懲, 악하다 惡): 착하게 사는 것을 권하고 나쁘게 사는 것을 벌주다.

08 이 글의 핵심 내용을 파악하여 빈칸에 들어갈 알맞은 말을 쓰시오.

{ [ ]에 나타난 특징 }

09 ㉠의 특징으로 알맞지 <u>않은</u> 것은?   [✎   ]

① 주로 권선징악의 주제를 다룬다.
② 입에서 입으로 전승된 작품들이 많다.
③ 인과 관계가 결여된 사건들이 일어난다.
④ 사건들이 시간 순서가 뒤바뀌어 전개된다.
⑤ 인물의 성격이 처음부터 끝까지 변하지 않는다.

10 이 글의 내용으로 보아, 보기 의 '변학도'가 지닌 특징으로 알맞은 것은?   [✎   ]

보기

고전 소설인 「춘향전」에는 주인공인 춘향이와 이몽룡 외에 마을 사또인 변학도가 등장한다. 변학도는 춘향이의 아름다움에 반해 자신의 여인으로 만들려고 한다. 그러나 춘향이가 이를 거절하자 춘향이를 감옥에 가두고 괴롭힌다. 이처럼 변학도는 소설의 처음부터 끝까지 사악하고 나쁜 탐관오리의 모습을 보여 준다.

① 친화적   ② 전형적   ③ 우연적   ④ 소극적   ⑤ 비현실적

03
07

과학 물질

우주에서 먹는 것

수분

| 물 | | 수 | 水 |
| 나누다 | | 분 | 分 |

물의 축축한 기운

동결

| 얼다 | | 동 | 凍 |
| 엉기다 | | 결 | 結 |

온도가 낮아서 얼어붙다. 또는 온도를 낮추어 얼어붙게 하다.

1+1+1세트 49900원

겨울철에 차 시동이 안 걸린다고요? 차 내부의 수분이 동결된 것이니 이 제품을 써 보세요.

취급 물량이 많지 않으니 빠르게 주문해 주세요.

장시간 운반을 하는 차량은 타이어 관리 제품을 추천합니다.

운반

| 옮기다 | | 운 | 運 |
| 나르다 | | 반 | 搬 |

물건 따위를 옮겨 나르다.

취급

| 다스리다 | | 취 | 取 |
| 처리하다 | | 급 | 扱 |

물건이나 일을 처리하거나 다루다.

01 빈칸에 공통으로 들어갈 알맞은 어휘를 쓰시오.

• 나는 수박처럼 ☐☐ 이 많은 과일을 좋아한다.

• 여름에는 땀을 많이 흘리니까 물을 마셔서 ☐☐ 보충을 해야 한다.

02 밑줄 그은 어휘와 뜻이 비슷한 어휘를 골라 ○표를 하시오.

며칠 째 한파가 몰아쳐서 아파트 수도관이 <u>동결됐다</u>.

터졌다   갈라졌다   얼어붙었다   녹아내렸다

03 다음 표에서 뜻이 비슷한 어휘를 골라 ○표를 하시오.

1

운반하다

비슷한 뜻

가지다 | 떠나다 | 나르다

2

취급하다

비슷한 뜻

다루다 | 고치다 | 바꾸다

04 '동(凍)' 자가 들어간 보기의 어휘 중 빈칸에 알맞은 말을 골라 쓰시오.

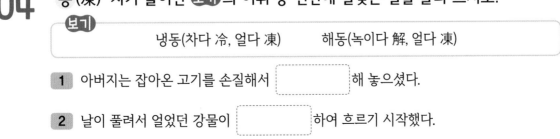

보기

냉동(차다 冷, 얼다 凍)   해동(녹이다 解, 얼다 凍)

1 아버지는 잡아온 고기를 손질해서 ☐☐☐☐ 해 놓으셨다.

2 날이 풀려서 얼었던 강물이 ☐☐☐☐ 하여 흐르기 시작했다.

어법+표현 다져요

05 보기를 보고, 괄호 안에서 알맞은 말을 골라 ◯표를 하시오.

> **보기**
>
> | 날다 | : 공중에 떠서 어떤 위치에서 다른 위치로 움직이다. '날고', '날아', '나니' 등으로 활용한다. |
> |---|---|
> | 나르다 | : 물건을 한 곳에서 다른 곳으로 옮기다. '나르고', '날라', '나르니' 등으로 활용한다. |

1 나는 이삿짐을 (날으는 | 나르는) 일을 했다.

2 나는 하늘을 (나는 | 날으는) 갈매기를 보았다.

3 아버지께서 내게 배추를 창고에 (날아 | 날라) 달라고 하셨다.

4 누나가 조심히 다가갔지만 잠자리가 재빨리 (날아 | 날라) 갔다.

06 빈칸에 들어갈 알맞은 어휘를 보기에서 골라 쓰시오.

> **보기**
>
> 들러붙다   말라붙다   얼어붙다

1 밤새 내렸던 눈이 꽁꽁 [   ].

　　액체나 물기가 있는 물체가 찬 기운으로 인해 얼어서 단단히 들러붙다.

2 계속되는 가뭄으로 논밭이 다 [   ].

　　물기가 바싹 졸거나 말라서 아주 없어지다.

3 비에 젖은 여름옷이 몸에 착 [   ].

　　끈기 있게 철썩 붙다.

07 밑줄 그은 속담의 뜻으로 알맞은 것은?　　　　　　　[✎　　]

> 엄마는 이번에 새로 들인 화초를 <u>금이야 옥이야</u> 키우고 계시다.

① 자기 일이 아니어서 관심이 없다.

② 사람이나 물건을 매우 하찮게 다루다.

③ 물건이 귀한 줄 모르고 함부로 사용하다.

④ 아무리 좋은 것이라도 쓸모 있게 만들어 놓아야 값어치가 있다.

⑤ 사람이나 물건을 기르거나 다루는 데 무척 소중히 정성을 들이다.

08~10 다음 글을 읽고, 물음에 답하시오. 과학 물질

폭신폭신하고 달콤한 솜사탕은 어떻게 만들어질까? 고온에서 녹인 설탕을 바람을 이용해 식히면서 재빠르게 막대기에 둘둘 감으면 솜사탕이 된다. 고체인 설탕이 녹았다가 다시 굳어지는 상태 변화를 거치는 것이다. 이처럼 물질은 다른 상태로 변할 수 있는데, 이것을 잘 이용한 음식이 바로 우주 음식이다.

중력이 거의 없는 우주에서는 액체 상태의 음식을 취급하기 어렵다. 또 지구에서 우주 정거장까지 식품을 운반하는 데 드는 비용도 엄청나다. 그래서 우주 음식은 수분을 줄여 무게를 최소화하는 것이 중요한데, 이때 사용하는 기술이 동결 건조이다. 음식물을 빠르게 동결한 다음, 진공 상태에서 저온의 열을 가해 얼음을 수증기로 만든다. 이어서 빠르게 열을 더 가하여 남은 수분을 모두 없앤다. 동결 건조한 우주 음식은 그대로 먹거나 따뜻한 물을 붓고 빨대로 먹는다. 동결 건조한 식품은 오랜 기간 보관할 수 있고 세균을 없애는 과정을 거치므로 식중독으로부터 안전하다. 또한 다른 건조 방식보다 영양소가 덜 파괴된다.

08 이 글의 핵심 내용을 파악하여 빈칸에 들어갈 알맞은 말을 쓰시오.

물질의 상태 변화를 이용한 〔   〕 음식

09 다음은 우주 음식을 만드는 과정이다. 빈칸에 들어갈 알맞은 말을 쓰시오.

음식물을 빠르게 〔   〕시킨다. ➡ 진공 상태에서 저온의 열로 얼음을 수증기로 만든다. ➡ 빠르게 열을 더 가하여 남은 수분을 없앤다.

10 우주 음식에 대한 설명으로 알맞지 <u>않은</u> 것은? [✎   ]

① 오랫동안 보관할 수 있다.
② 식중독으로부터 안전하다.
③ 동결 건조하면서 영양소가 더 풍부해진다.
④ 그대로 먹거나 물을 부어 빨대로 먹을 수도 있다.
⑤ 수분을 줄여 무게를 최소화하는 방법을 사용한다.

사회 환경

08 자연재해를 대비해요

재해

재앙	재 災
해하다	해 害

뜻밖에 일어난 큰 사고로 받는 피해

완화

느슨하다	완 緩
순하다	화 和

매우 급하거나 긴장된 상태를 느슨하게 하다.

형이 산업 재해로 다쳤대. 안전 점검을 완화해서 사고가 일어났다고 해.

이변이 일어나서 많이 놀랐겠다. 상태가 악화되지 않기를 바라.

이변

기이하다	이 異
변하다	변 變

예상하지 못한 일 또는 이상한 일

악화

나쁘다	악 惡
되다	화 化

어떤 일이나 관계, 상태가 나빠지다.

01 밑줄 그은 부분과 바꾸어 쓸 수 있는 어휘를 빈칸에 쓰시오.

1 오월에 눈이 내리는 <u>이상한</u> 일이 일어났다.

↳ ☐☐

2 괜히 나섰다가 상황이 더 <u>나빠질</u> 수 있으니 기다려 보자.

↳ ☐☐ 될

02 빈칸에 공통으로 들어갈 알맞은 어휘를 쓰시오.

• 오늘날에는 환경 파괴와 관련된 ☐☐ 가 매년 늘어나고 있다.

• 정부는 태풍으로 인해 ☐☐ 를 입은 주민들이 지낼 곳을 마련해 주었다.

03 밑줄 그은 부분과 바꾸어 쓸 수 있는 어휘를 골라 ○표를 하시오.

나는 시합을 앞두고 긴장감이 <u>느슨하게 풀어지도록</u> 깊게 심호흡을 했다.

| 자극되도록 | 완화되도록 | 유발되도록 | 유지되도록 |

04 뜻과 예문을 보고, 빈칸에 들어갈 알맞은 글자를 쓰시오.

1 재 (재앙 災) + ☐
뜻 뜻밖에 일어난 재앙과 고난
예문 동네 사람들은 힘을 합쳐 _____ 을 극복했다.

2 해 (해롭다 害) + ☐
뜻 인간의 생활에 해를 끼치는 벌레를 통틀어 이르는 말
예문 농작물이 _____ 에 시달리지 않도록 농약을 뿌렸다.

05 보기를 보고, 빈칸에 '유례' 또는 '유래' 중에 알맞은 어휘를 쓰시오.

보기

유례(類例)	: 같거나 비슷한 예 또는 이전에 있었던 사례
	예 역사상 유례가 없는 이변이 일어났다.
유래(由來)	: 사물이나 일이 생겨나다. 또는 그 사물이나 일이 생겨난 바
	예 우리 마을 잔치는 유래가 오래되었다.

1 올림픽 역사상 ⬚ 가 없는 기록이 나왔다.

2 송편을 반달 모양으로 빚게 된 ⬚ 는 무엇일까?

3 한글은 세계에서 그 ⬚ 를 찾기 힘든 독창적인 글자이다.

4 선유도라는 섬 이름은 선녀가 와서 놀았다는 이야기에서 ⬚ 되었다.

06 밑줄 그은 부분과 뜻이 통하지 <u>않는</u> 관용 표현을 골라 ✓표를 하시오.

독도를 둘러싼 영토 분쟁 때문에 우리나라와 일본의 <u>관계가 악화되고 있다.</u>

☐ 금이 가다 ☐ 손을 잡다 ☐ 골이 깊어지다

07 다음 한자 성어를 활용한 문장으로 알맞은 것은?

天	災	地	變
하늘 천	재앙 재	땅 지	변하다 변

'천재지변'은 가뭄, 지진, 홍수, 태풍 따위와 같이, 자연 현상으로 인한 뜻밖의 사고를 말한다.

① 환절기에는 기온이 <u>천재지변</u>하게 바뀌곤 한다.
② 그 시절은 전쟁도 없이 <u>천재지변</u>을 누리던 때였다.
③ 할아버지가 돌아가셨다는 <u>천재지변</u> 같은 소식이 전해졌다.
④ 두 달 넘게 비가 내리는 <u>천재지변</u>으로 마을이 물에 잠겼다.
⑤ 가을은 <u>천재지변</u>의 계절이라더니 먹을 것이 정말 풍요롭다.

08~10 다음 글을 읽고, 물음에 답하시오. **사회 환경**

지구 곳곳에서는 태풍, 가뭄, 홍수, 지진, 화산 폭발로 인해 인명 피해가 나고, 농작물이 죽고, 시설이 망가지는 등 많은 재해가 발생하고 있다. 자연재해는 이렇게 자연 현상이 인간 생활에 피해를 주는 것을 말한다. 최근에는 지구 온난화로 인해 예측할 수 없는 기상 이변까지 일어나고 있다. 사막 기후 지역인 아랍 에미리트에서는 강한 폭우가 내려 도로가 침수되기도 하고, 호주에서는 골프공만 한 우박이 쏟아져 주민들이 큰 피해를 입었다.

자연재해를 인간의 힘으로 온전히 막아 내기는 어렵다. 그러나 우리의 노력에 따라 피해 정도는 줄일 수 있다. 먼저 각종 경보 시스템을 만들어 자연재해를 예측하고 큰 피해를 입지 않도록 대비해야 한다. 건물을 지을 때에도 태풍이나 지진을 견뎌 낼 수 있도록 튼튼하게 지어야 한다. 또 기상 이변은 지구 환경이 악화되면 더 자주 나타날 것이므로, 미래의 기후 변화를 완화할 수 있도록 환경을 보호하고 아껴야 한다.

08 이 글의 핵심 내용을 파악하여 빈칸에 들어갈 알맞은 말을 쓰시오.

지구 곳곳에서 일어나는 ┌─────────┐ 와 이에 대비하는 방법

09 이 글의 내용으로 볼 때, 자연재해로 볼 수 없는 것은? [   ]

① 태풍으로 인한 홍수 피해
② 가뭄으로 인한 농작물 피해
③ 지진 발생으로 인한 시설 붕괴
④ 화산 폭발로 인한 인명 피해
⑤ 화석 연료 사용으로 인한 온실가스 증가

10 자연재해에 대비할 수 있는 방법을 알맞지 않게 말한 사람을 쓰시오.

영희: 기상 이변을 이용해 관광 상품을 만들어야겠어.
주원: 지진에도 쉽게 무너지지 않는 건물을 만들어야겠어.
민재: 자연재해를 예측할 수 있는 경보 시스템을 만들어야겠어.

[   ]

09

수학 도형

아르키메데스의 묘비

아버님은 생전에 모든 재산을 저에게 남긴다고 하셨습니다.

단호

자필 증서가 없으니 유언 무효가 성립됩니다.

이△△ 변호사

이 게임은 성을 함락하면 보상을 줘.

어라! 저기 금품을 약탈해 가는 캐릭터가 있어.

생전

살다	생 生
앞	전 前

살아 있는 동안

성립

이루다	성 成
서다	립 立

일이나 관계 따위가 제대로 이루어지다.

함락

무너지다	함 陷
떨어지다	락 落

적의 성, 도시, 군사 시설 따위를 공격하여 무너뜨리다.

약탈

노략질하다	약 掠
빼앗다	탈 奪

폭력을 써서 남의 것을 억지로 빼앗다.

01 밑줄 그은 어휘와 바꾸어 쓸 수 있는 말을 괄호 안에서 골라 ✓표를 하시오.

1 수도를 <u>함락하면</u> 이번 전쟁의 승리는 우리 것이다.
↳ (☐ 보호하여 지키면 | ☐ 공격하여 무너뜨리면)

2 도적들이 힘없는 농민들의 살림살이를 <u>약탈하기</u> 시작했다.
↳ (☐ 억지로 빼앗기 | ☐ 마음대로 나누기)

02 빈칸에 공통으로 들어갈 알맞은 어휘를 쓰시오.

• 구체적인 증거가 없으면 죄가 ☐☐되기 어렵다.

• 당사자 모두 서류에 도장을 찍음으로써 계약이 ☐☐되었다.

03 밑줄 그은 부분과 바꾸어 쓸 수 있는 어휘를 골라 ○표를 하시오.

할아버지께서는 <u>살아 계신 동안</u>에 통일이 되는 것을 꼭 보고 싶다고 하셨다.

| 상상 | 생전 | 미래 | 훗날 |

04 빈칸에 '떨어지다 락(落)' 자가 들어간 어휘를 쓰시오.

1 올해는 배추가 지나치게 많이 생산되어 값이 ☐락하였다.

물건의 값 따위가 갑자기 큰 폭으로 떨어지다.

2 국가 대표 선발에서 ☐락한 재호는 아쉬움에 눈물을 흘렸다.

범위나 순위에 들지 못하고 떨어지거나 빠지다.

05 밑줄 그은 어휘의 준말로 바르지 <u>않은</u> 것은? [✎   ]

① 챔피언 타이틀을 <u>빼앗다</u>. - 준말 뺏다
② 내 일에 자부심을 <u>가지다</u>. - 준말 갖다
③ 책의 한 구절이 눈에 <u>뜨이다</u>. - 준말 띄다
④ 친구와 전화로 <u>이야기하다</u>. - 준말 얘기하다
⑤ 탁자에 휴대 전화를 <u>놓아두다</u>. - 준말 놔두다

06 밑줄 그은 부분에 들어갈 속담으로 알맞은 것을 골라 ✓표를 하시오.

> 얼마 뒤에 학교에서 학예 발표회가 열린다. 나는 우리 반 친구들에게 멋지게 연극을 해 보자고 했다. 하지만 반 친구들은 학예 발표회에 별로 관심이 없었다. 어떤 연극을 할지 물어봐도 반응이 없었다. "_____"라는데 이래서는 연극을 할 수 없을 것 같다.

☐ 오랜 가뭄 끝에 단비 온다	☐ 두 손뼉이 맞아야 소리가 난다	☐ 뛰는 토끼 잡으려다 잡은 토끼 놓친다
오랫동안 기다렸던 일이 마침내 이루어지다.	무슨 일이든지 두 편에서 서로 뜻이 맞아야 이루어질 수 있다.	일을 자꾸 벌여만 놓다가 이미 이루어 놓은 것도 못 쓰게 만들다.

07 밑줄 그은 한자 성어의 뜻으로 알맞은 것은?

> 10년 전만 해도 한국 가수들은 미국 시장에서 크게 인정받지 못하였다. 한국 가수들에게 미국 시장은 '난공불락(難攻不落)'이나 다름없었다. 그러나 최근에는 미국 빌보드 순위에서 한국 가수가 1위를 하는 등 큰 성공을 거두면서 미국 시장을 더 이상 난공불락이라 할 수 없게 되었다.

① 아주 손쉽게 함락하다.
② 상황이 위태로워 거의 함락하게 되다.
③ 뛰어난 능력이나 방법을 써서 함락하다.
④ 공격하기가 어려워 쉽사리 함락되지 않는다.
⑤ 필사적으로 방어하여 끝까지 함락되지 않고 버티다.

08~10 다음 글을 읽고, 물음에 답하시오.

수학 도형

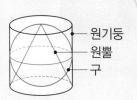

아르키메데스는 고대 그리스의 수학자이자 물리학자이다. 그는 생전에 물이 물체를 떠받드는 힘의 원리, 원주율 등의 많은 발견을 했다. 아르키메데스는 원기둥과 그 원기둥 안에 들어간 원뿔과 구 사이에 특별한 관계가 성립한다는 것도 발견하였다. 원뿔의 부피와 구의 부피, 원기둥의 부피의 비율이 1:2:3이 된다는 것이다. 그는 자신의 연구 중에서 도형에 관한 발견을 아주 자랑스러워했다고 한다.

아르키메데스의 죽음도 도형과 관련되어 있다. 로마군이 그가 살던 도시를 공격했을 때의 일이다. 로마군은 도시를 함락하고 도시 곳곳을 약탈했다. 이런 상황에서도 그는 길바닥에 원을 그리며 도형을 연구하고 있었다. 이때 한 로마 군인이 그가 그린 원 그림을 밟고 지나가자, 그는 자신이 그린 원을 밟지 말라고 소리쳤다. 화가 난 로마 군인은 그를 단칼에 베어 죽였다. 이 사실을 알고 평소 아르키메데스를 존경했던 로마의 장군은 평소 그가 제자들에게 부탁했던 대로 원기둥 안에 구와 원뿔이 들어간 그림을 그의 묘비에 새겨 주었다고 한다.

08 이 글의 핵심 내용을 파악하여 빈칸에 들어갈 알맞은 말을 쓰시오.

{ 아르키메데스의 발견과 그의 [   ]에 관한 일화 }

09 이 글을 읽고 알 수 <u>없는</u> 것은?　　　　　　　　　　[✐ 　]

① 아르키메데스가 죽은 까닭　　　② 아르키메데스가 연구한 학문
③ 아르키메데스가 살았던 시기　　④ 아르키메데스가 만든 발명품
⑤ 아르키메데스가 발견한 수학 원리

10 아르키메데스의 묘비에 그림으로 새겨진 도형이 <u>아닌</u> 것에 ✔표를 하시오.

☐ 구　　　　☐ 원뿔　　　　☐ 원기둥　　　　☐ 사각형

과학 기술

과학 기술

상상이 현실이 되는 기술

구애

| 거리끼다 | 구 | 拘 |
| 막다 | 애 | 礙 |

일이나 행동 따위를 하는데 방해가 되거나 자유롭게 할 수 없게 하다.

착용

| 입다 | 착 | 着 |
| 쓰다 | 용 | 用 |

옷, 모자, 신발, 액세서리 따위를 입거나, 쓰거나, 신거나, 차거나 하다.

이게 가상이 아니라니!

오늘은 무엇도 구애되지 말고 자유롭게 놀자고 했는데, 교복을 착용하고 온 거야?

내 옷에 몰입하지 말고 밥이나 먹으러 가자고.

가상

| 거짓 | 가 | 假 |
| 생각하다 | 상 | 想 |

사실이 아닌 것을 지어내어 사실처럼 생각하다.

몰입

| 빠지다 | 몰 | 沒 |
| 빠지다 | 입 | 入 |

어떤 일에 깊이 파고들거나 빠지다.

어휘를 넓혀요

정답과 해설 15쪽

01 밑줄 그은 어휘의 뜻에 맞게 빈칸에 들어갈 알맞은 말을 쓰시오.

1 쉴 때는 아무 구애 없이 편안히 있고 싶다.

→ 뜻 일이나 행동 따위를 하는 데 ☐☐ 가 되거나 자유롭게 할 수 없게 하다.

2 나는 세상을 떠난 위인과의 가상 인터뷰를 했다.

→ 뜻 사실이 아닌 것을 지어내어 ☐☐ 처럼 생각하다.

02 밑줄 그은 어휘가 어떤 뜻으로 쓰였는지 알맞게 선으로 이으시오.

1 손목에 팔찌를 <u>착용하다</u>. • • ㉠ 입다

2 수영장에서 수영모를 <u>착용하다</u>. • • ㉡ 쓰다

3 평상복 대신 체육복을 <u>착용하다</u>. • • ㉢ 차다

4 발이 따뜻하도록 털신을 <u>착용하다</u>. • • ㉣ 신다

03 밑줄 그은 어휘와 뜻이 비슷한 어휘로 알맞지 <u>않은</u> 것은? [✎]

> 누나는 책에 <u>몰입해서</u> 내가 하는 말을 듣지 못했다.

① 빠져서 ② 열중해서 ③ 집중해서
④ 몰두해서 ⑤ 무심해서

04 빈칸에 '생각하다 상 (想)' 자가 들어간 어휘를 쓰시오.

1 예지는 자신의 상☐ 속에서 하늘을 마음껏 날아다녔다.

실제로 경험하지 않은 것에 대하여 마음속으로 그려 보다.

2 항상 꼴찌만 하던 우리 반이 ☐상 외로 이번 시험에서 일 등을 했다.

어떤 일을 직접 당하기 전에 미리 생각하여 두다.

05 보기 를 보고, 빈칸에 들어갈 알맞은 어휘를 쓰시오.

> 보기
>
> '가다', '뛰다'와 같은 어휘는 형태가 바뀌지 않는 부분인 '가-', '뛰-'에 '-ㅁ'을 붙여서 '감', '뜀'과 같이 사용할 수 있다. '살다', '파고들다'와 같이 'ㄹ' 받침이 있는 어휘는 '삶', '파고듦'과 같이 '-ㄻ'을 붙인다.
>
> 예 집에 가다. ➡ 집에 감.   예 오래 살다. ➡ 오래 삶.

1 산의 아름다운 경치에 <u>빠져들다.</u> ➡ [   ]

2 고양이가 깨지 않게 조심스럽게 <u>다가가다.</u> ➡ [   ]

3 점심시간이 가까워지자 음식점 앞에 사람들이 <u>몰려들다.</u> ➡ [   ]

06 밑줄 그은 상황에서 사용할 수 있는 속담으로 알맞은 것은?   [✎   ]

> 옛날에 한 양치기 소년이 살고 있었다. 소년은 심심할 때면 마을 사람들에게 늑대가 나타났다고 거짓말을 했다. 깜짝 놀란 마을 사람들은 하던 일을 멈추고 뛰어왔으나, 거짓말인 것을 알고 화를 내며 돌아갔다. 그런데 며칠 후 진짜로 양치기 소년 앞에 늑대가 나타났다. <u>양치기 소년은 진짜 늑대가 나타났다고 소리쳤지만, 마을 사람들은 소년의 말을 아무도 믿지 않았다.</u>

① 고기는 씹어야 맛을 안다.   ② 호박이 넝쿨째로 굴러떨어졌다
③ 똥 묻은 개가 겨 묻은 개 나무란다   ④ 콩으로 메주를 쑨다 해도 곧이듣지 않는다
⑤ 떡 줄 사람은 꿈도 안 꾸는데 김칫국부터 마신다

07 다음 한자 성어를 활용한 문장으로 알맞은 것은?   [✎   ]

自	由	奔	放
스스로 자	좇다 유	달리다 분	놓다 방
'자유분방'은 격식이나 관습에 구애 받지 않고 행동이 자유롭다는 뜻이다.			

① <u>자유분방</u>이라더니 이제 나보다 솜씨가 좋구나.
② <u>자유분방</u> 기다렸지만 그의 모습을 볼 수 없었다.
③ 마트에 설탕을 사러 간 동생의 행방이 <u>자유분방</u>이다.
④ <u>자유분방</u>으로 서로의 입장에서 생각해 보는 게 좋겠다.
⑤ 형은 대학교에 합격한 뒤로 <u>자유분방</u>한 생활을 누렸다.

08~10 다음 글을 읽고, 물음에 답하시오. 　　　과학 기술

　가상 현실(VR, Virtual Reality)은 현실이 아닌 세계, 즉 컴퓨터로 만들어 놓은 가상의 세계를 실제처럼 보이게 하는 기술이다. 특수 안경이나 장갑 등의 장비를 착용하고 프로그램을 실행하면 머나면 우주도 직접 간 것처럼 몰입하여 여행할 수 있다. 이처럼 가상 현실은 직접 경험하기 어려운 일을 장소나 상황에 구애 받지 않고 체험할 수 있게 한다.

　증강 현실(AR, Augmented Reality)은 우리가 직접 보는 현실 세계에 3차원 가상의 사물이나 환경을 겹쳐서 보여 주는 기술이다. 길을 가다가 스마트폰 카메라로 주변을 비추면 화면에 지역 정보를 겹쳐서 입체 영상으로 보여 주고, 하늘을 비추면 날씨 정보를 겹쳐서 보여 주는 것이 그 예이다. 증강 현실은 현실 세계를 바탕으로 가상의 정보를 더하여 보여 주기 때문에 가상 현실보다 더 현실감 있게 느껴진다. 현재 가상 현실과 증강 현실은 재난 안전 교육, 의료 실습, 비행 조정 훈련, 스포츠 훈련 등의 다양한 분야에서 활용되고 있다. 이 두 기술은 앞으로도 우리 경험의 폭을 넓혀 주고, 생활을 편리하게 해 줄 것으로 기대된다.

08 이 글의 핵심 내용을 파악하여 빈칸에 들어갈 알맞은 말을 쓰시오.

　　　　가상 현실과 _____의 특징과 활용

09 가상 현실에 대한 설명으로 알맞은 것은?　　　[✎　　　]

① 사용자가 증강 현실보다 더 현실감 있게 느낄 수 있다.
② 자기가 있는 곳 근처 정보를 입체적으로 보여 줄 수 있다.
③ 컴퓨터로 만든 가상의 세계를 실제처럼 보이게 하는 기술이다.
④ 현실 세계에 가상의 사물이나 환경을 겹쳐서 보여 주는 기술이다.
⑤ 사용자는 별도의 장비 없이 직접 경험하기 어려운 일을 체험할 수 있다.

10 이 글을 읽고 난 뒤의 반응을 알맞지 <u>않게</u> 말한 사람을 쓰시오.

세아: 가상 현실과 증강 현실은 다양한 분야에서 활용되고 있구나.
기호: 가상 현실과 증강 현실을 잘 사용하면 우리 생활에 많은 도움이 되겠구나.
지연: 가상 현실을 지진 같은 재난 안전 교육에 사용하면 공포감만 불러일으킬 뿐 교육 효과는 전혀 없을 거야.

[✎　　　]

11 역할과 역할의 충돌

수행

| 이루다 | 수 遂 |
| 행하다 | 행 行 |

생각하거나 계획한 대로 일을 해내다.

원만하다

| 둥글다 | 원 圓 |
| 가득하다 | 만 滿 |

일의 진행이 아무 탈이나 말썽 없이 예정대로 잘 되어가는 상태에 있다.

여럿이 함께 과제를 수행하다 보면 갈등이 생길 수 있어요. 이 갈등을 원만하게 해결하는 것이 중요합니다.

이번 목표를 성취할 수 있겠습니까?

이 회사에 소속된 일원으로서 최선을 다하겠습니다.

성취

| 이루다 | 성 成 |
| 나아가다 | 취 就 |

목적한 바를 이루다.

소속

| 곳 | 소 所 |
| 무리 | 속 屬 |

일정한 단체나 기관에 딸리다. 또는 그 딸린 곳

어휘를 넓혀요

01 빈칸에 들어갈 알맞은 어휘를 쓰시오.

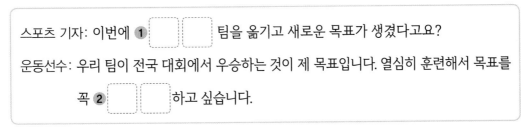

스포츠 기자: 이번에 ❶ ☐☐ 팀을 옮기고 새로운 목표가 생겼다고요?

운동선수: 우리 팀이 전국 대회에서 우승하는 것이 제 목표입니다. 열심히 훈련해서 목표를

꼭 ❷ ☐☐ 하고 싶습니다.

02 밑줄 그은 어휘가 어떤 뜻으로 쓰였는지 알맞게 선으로 이으시오.

1 지혜는 성격이 <u>원만해서</u> 친구가 많다. •

• ㉠ 성격이 모난 데가 없이 부드럽고 너그럽다.

2 심판은 경기가 <u>원만하게</u> 진행되도록 노력했다. •

• ㉡ 일의 진행이 예정대로 잘 되어 가는 상태에 있다.

03 다음 표에서 뜻이 비슷한 어휘를 골라 ○표를 하시오.

1 성취하다 ◁ 비슷한 뜻

잃다 | 이루다 | 빼앗다

2 수행하다 ◁ 비슷한 뜻

뽐내다 | 원하다 | 해내다

04 빈칸에 '이루다 성(成)' 자가 들어간 어휘를 쓰시오.

1 우리는 이번 행사에서 기대 이상의 ☐성☐ 를 올렸다.

어떤 일을 이루어 낸 결과

2 그 작가는 오랜 시간 노력을 들인 끝에 작품을 ☐☐성☐ 했다.

완전하게 다 이루다.

어법+표현 다져요

05 보기를 보고, 문장에 알맞은 어휘를 괄호 안에서 골라 ○표를 하시오.

> **보기**
>
> **딸리다** : 어떤 것에 매이거나 붙어 있다. 예 집에 마당이 딸리다.
>
> **달리다** : 재물이나 기술, 힘, 재주 따위가 모자라다. 예 힘이 달리다.

1 민주는 기운이 (딸려서 | 달려서) 더 달리지 못했다.

2 동생은 정원이 (딸린 | 달린) 집으로 이사 가고 싶어 한다.

3 요즘 농촌은 한창 바쁜 시기여서 일손이 (딸린다 | 달린다).

06 밑줄 그은 부분과 뜻이 통하는 속담으로 알맞은 것은? [✎   ]

> 태민: 지희야. 무슨 좋은 일 있니? 기분이 좋아 보여.
>
> 지희: 가고 싶었던 콘서트 표를 구했거든. 그 가수는 인기가 많아서 <u>콘서트 표 얻기가 엄청 어려운데</u>, 소원 성취했어!

① 하늘의 별 따기

② 하늘 보고 침 뱉기

③ 하늘을 보아야 별을 따지

④ 하늘은 스스로 돕는 자를 돕는다

⑤ 하늘이 무너져도 솟아날 구멍이 있다

07 다음 한자 성어를 활용한 문장으로 알맞지 <u>않은</u> 것은? [✎   ]

愚	公	移	山
어리석다 우	공평하다 공	옮기다 이	산 산

> '우공이산'은 '우공이 산을 옮기다.'라는 뜻으로, 어떤 일이든 끊임없이 노력하면 반드시 이루어짐을 이르는 말이다. 옛날 우공이라는 노인이 집 앞을 가로막은 산을 옮기려고 산의 흙을 꾸준히 퍼 나르는 것을 본 하늘의 왕이 감동하여 산을 옮겨 주었다는 이야기에서 유래한다.

① 어떤 일이든 <u>우공이산</u>의 마음으로 끈기 있게 해야 한다.

② 포기하지 않고 계속 노력하면 <u>우공이산</u>의 결과가 있을 것이다.

③ 형은 직장을 그만둔 뒤로 누워서 <u>우공이산</u>하며 시간을 보냈다.

④ 동생은 <u>우공이산</u>이라며 매일 운동해서 근육을 키우겠다고 했다.

⑤ 원어민처럼 영어를 하려면 <u>우공이산</u>의 마음으로 꾸준히 공부해야 한다.

08~10 다음 글을 읽고, 물음에 답하시오. 　　사회 **사회·문화**

> 선생님: 개인이 사회 속에서 차지하는 위치인 '사회적 지위'에는 성별과 같이 태어나면서부터
> 　　　 갖는 '귀속 지위'와 학생, 친구 등과 같이 개인의 능력이나 노력으로 얻은 '성취 지위'가
> 　　　 있어. 사람은 여러 집단에 소속되어 살아가기 때문에 여러 가지 지위를 가질 수 있단다.
> 주희: 저는 제가 가진 두 가지 지위 때문에 고민이에요. 내일은 친구 생일인데 모레는 시험
> 　　 이거든요. 친구로서 생일 파티에 가야 할지, 학생으로서 공부를 해야 할지 모르겠어요.
> 선생님: 그렇구나. 모든 사회적 지위에는 그에 따라 요구되는 행동이 있는데, 이것을 '역할'
> 　　　 이라고 해. 지금 주희가 고민하는 것은 친구로서의 역할과 학생으로서의 역할이 서로
> 　　　 충돌을 일으키기 때문이지. 이런 ㉠역할 갈등이 원만하게 해결되지 않으면 개인은 불안
> 　　　 감을 느끼게 되고, 사회는 혼란에 빠질 수 있어.
> 주희: 역할 갈등을 잘 해결하려면 어떻게 해야 할까요?
> 선생님: 갈등을 일으키는 지위와 역할이 무엇인지부터 파악하고, 어떠한 역할이 더 중요한
> 　　　 지 우선순위를 정해 보렴. 그런 다음 중요한 역할부터 차례로 수행해 나가면 돼.

08 이 글의 핵심 내용을 파악하여 빈칸에 들어갈 알맞은 말을 쓰시오.

　　　사회적 지위의 종류와 [　　　　　　]을 잘 해결하는 방법

09 다음 중 지위의 성격이 <u>다른</u> 하나는? 　　　[✎　　]

① 딸　　　　　　② 연예인　　　　　　③ 요리사
④ 초등학생　　　⑤ 춤 동아리 회장

10 ㉠의 바람직한 해결 방법을 보기에서 <u>모두</u> 고른 것은? 　　　[✎　　]

> **보기**
> 가. 역할의 우선순위를 정한다.
> 나. 갈등을 일으키는 지위를 모두 포기한다.
> 다. 중요하지 않은 역할부터 차례대로 수행한다.
> 라. 갈등을 일으키는 지위와 역할이 무엇인지 파악한다.

① 가, 나　　　② 가, 라　　　③ 나, 다　　　④ 나, 라　　　⑤ 다, 라

과학 에너지

12 물기가 마르면 왜 추울까

★ ○○ 발매트 ★

흡수한 수분을 빠르게 방출하여
늘 건조한 상태로 유지할 수 있어요

흡수

| 빨다 | 흡 吸 |
| 거두다 | 수 收 |

안으로 빨아들이다.

방출

| 내놓다 | 방 放 |
| 나가다 | 출 出 |

에너지를 밖으로 내보내다.

지구의 표면이 가열되거나
냉각될 때 기온 차가 생기면서
기압 차가 나타납니다.
이러한 기압 차에 의해
바람이 붑니다.

가열

| 더하다 | 가 加 |
| 열 | 열 熱 |

어떤 물질에 열을 더하다.

냉각

| 식히다 | 냉 冷 |
| 물리치다 | 각 却 |

식혀서 차게 하다.

어휘를 넓혀요

01 밑줄 그은 부분과 바꾸어 쓸 수 있는 어휘를 빈칸에 쓰시오.

1 스마트폰이 <u>밖으로 내보내는</u> 전자파는 건강에 좋지 않다.

↳ ☐☐하는

2 등산을 할 때에는 땀을 잘 <u>빨아들이는</u> 재질의 옷을 입는 것이 좋다.

↳ ☐☐하는

02 밑줄 그은 어휘와 뜻이 비슷한 어휘를 골라 ✓표를 하시오.

> 우유에 레몬즙을 넣고 <u>가열하면</u> 덩어리가 생긴다.

☐ 섞으면   ☐ 식히면   ☐ 얼리면   ☐ 데우면

03 밑줄 그은 어휘가 어떤 뜻으로 쓰였는지 알맞게 선으로 이으시오.

1 바다에서 잡은 물고기를 곧바로 <u>냉각</u>했다. •

2 선생님께서 호통을 치시자 분위기가 <u>냉각</u>되었다. •

• ㉠ 식혀서 차게 하다.

• ㉡ 분위기나 관계 따위가 가라앉다.

04 '열(熱)' 자가 들어간 **보기**의 어휘 중 빈칸에 알맞은 어휘를 골라 쓰시오.

> **보기**
> 열기(열 熱, 기운 氣)   발열(일어나다 發, 열 熱)

1 우리는 태양의 ☐☐☐를 피하려고 그늘에서 잠시 쉬었다.

2 날씨가 너무 추워서 스스로 열을 내는 ☐☐☐ 내복을 입었다.

어법+표현 다져요

05 보기를 보고, 문장에 알맞은 어휘를 괄호 안에서 골라 ○표를 하시오.

> **보기**
>
> **더하다** : 보태어 늘리거나 많게 하다. 예 하나에 둘을 더하면 셋이다.
>
> **더 하다** : 좀 더 많이 하다. 잇달아 하다. 예 공부를 더 하고 갈게.

1 운동을 무리해서 (더하다가는 ┃ 더 하다가는) 병이 나고 말 거야.

2 엄마가 주신 용돈에 내가 모은 돈을 (더해서 ┃ 더 해서) 게임기를 샀다.

3 동생은 밥과 국에 온갖 반찬을 (더해 ┃ 더 해) 어머니의 생일상을 차렸다.

06 밑줄 그은 어휘 중 보기의 '냉-'이 쓰이지 않은 것은? [✎   ]

> **보기**
>
> **냉(冷)-** : '차가운'이라는 뜻을 더하는 말

① 누나는 졸릴 때마다 냉커피를 마신다.

② 추운 날 냉방에서 잤더니 감기에 걸렸다.

③ 부은 눈을 가라앉히려고 수건으로 냉찜질을 했다.

④ 봄이 되자 밭에 냉이를 캐러 오는 사람들이 많아졌다.

⑤ 아버지는 더위를 많이 타는 나를 위해 냉국을 만들어 주셨다.

07 밑줄 그은 부분에 들어갈 한자 성어로 알맞은 것은? [✎   ]

> 지호: 너는 날씨가 이렇게 더운데 왜 삼계탕을 먹으러 가자고 하니?
> 민정: "_____"이란 말도 못 들어봤어? 뜨거운 음식을 먹으면 오히려 몸속
> 에 쌓인 뜨거운 기운을 내보낼 수 있다고.

① 이열치열(以熱治熱)　　　　② 일장일단(一長一短)

③ 이구동성(異口同聲)　　　　④ 일편단심(一片丹心)

⑤ 이심전심(以心傳心)

다음 글을 읽고, 물음에 답하시오. 　과학　에너지

　수영을 하다가 물 밖으로 나왔을 때 추위를 느낀 경험이 있을 것이다. 이는 물질의 상태가 변하면서 주변의 열에너지를 흡수하기 때문에 일어나는 현상이다. 고체 물질을 가열하면 액체가 되고, 계속 더 가열하면 기체가 되는 것에서 알 수 있듯이 물질은 고체에서 액체로, 액체에서 기체로 갈수록 더 많은 열에너지를 갖고 있다. 물질이 열에너지가 높은 상태로 변화하려면 주변의 열을 흡수해야 한다. 수영을 하다가 물 밖으로 나오면 추워지는 것도 몸에 묻은 물이 말라 기체가 되면서 우리 몸의 열에너지를 빼앗아 가기 때문이다.

　반대로 물질이 열에너지가 낮은 상태로 변화하면 어떻게 될까? 수증기를 냉각하면 물이 되는데, 이때는 기체가 액체로 변하면서 주변으로 열에너지를 방출한다. 물질이 열에너지를 방출하면 주변은 열에너지를 얻어 온도가 높아진다. 더운 여름날 소나기가 내리기 전 날씨를 생각해 보자. 공기 중에 가득한 수증기가 빗방울로 변하면서 열에너지를 내보내므로 날씨가 후텁지근한 것을 느낄 수 있을 것이다.

08 이 글의 핵심 내용을 파악하여 빈칸에 들어갈 알맞은 말을 쓰시오.

물질의 상태 변화에 따른 ［　　　　　　　］의 흡수와 방출

09 다음은 물질의 열에너지에 대한 설명이다. 괄호 안에서 알맞은 말을 골라 ○표를 하시오.

물질의 상태 중에서 열에너지를 가장 많이 가진 것은 (고체 │ 액체 │ 기체) 상태이다.

10 이 글의 내용으로 알맞은 것은?　　　　　　　　　　　　　　　[✎　　　]
① 고체가 열에너지를 방출하면 액체가 된다.
② 기체가 액체로 변하면 주변에서 열에너지를 흡수한다.
③ 물질이 열에너지를 방출하면 물질의 주변 온도가 낮아진다.
④ 몸에 묻은 물이 말라 기체가 되면 몸의 열에너지를 흡수한다.
⑤ 물질이 열에너지가 높은 상태가 되려면 열에너지를 방출해야 한다.

국어 문법

13 비밀로 하는 말, 품위 없는 말

저속

낮다	저 低
천하다	속 俗

품위가 낮고 천하다.

정체성

바르다	정 正
몸	체 體
성질	성 性

어떤 존재가 갖고 있는 변하지 않는 고유한 특성

이런 ×× 같은 것아!!

캐릭터의 정체성을 막론하고 드라마에서도 가급적 고운 말을 사용하면 좋겠어.

저 드라마는 저속한 표현이 너무 많이 나와서 보기가 불편해.

막론하다

없다	막 莫
말하다	론 論

이것저것 따지고 가려 말하지 않다.

가급적

정도	가 可
닿다	급 及
~하는 대로	적 的

할 수 있는 대로 또는 형편이 닿는

어휘를 넓혀요

01 밑줄 그은 어휘의 뜻에 맞는 말을 괄호 안에서 골라 ○표를 하시오.

1 이 과자는 남녀노소를 <u>막론하고</u> 누구나 좋아할 만한 맛이다.
→ 뜻 이것저것 (따지고 가려 | 밝히거나 드러내어) 말하지 않다.

2 어머니는 내가 <u>저속하거나</u> 거친 말을 쓰면 따끔하게 혼을 내셨다.
→ 뜻 품위가 (높고 점잖다 | 낮고 천하다).

02 빈칸에 공통으로 들어갈 알맞은 어휘를 쓰시오.

- 청소년들은 사춘기를 겪으면서 자신의 ☐☐☐ 에 대해 고민한다.

- 우리 조상들은 일제 강점기에도 민족의 ☐☐☐ 을 지키기 위해 노력했다.

03 밑줄 그은 어휘와 뜻이 비슷한 어휘로 알맞은 것은?

미세 먼지가 심한 날에는 <u>가급적</u> 외출을 삼가는 것이 좋다.

① 일부러   ② 되도록   ③ 무심코   ④ 오로지   ⑤ 솔직히

04 빈칸에 '낮다 저(低)' 자가 들어간 어휘를 쓰시오.

1 준영이는 굵은 ☐저☐☐ 의 목소리로 책을 읽었다.
낮은 소리

2 요즘은 기온의 ☐☐저☐ 가 심해서 감기에 걸리지 않게 조심해야 한다.
높음과 낮음 또는 높고 낮은 정도

05 보기를 보고, 〔　〕안의 말 중에서 띄어쓰기가 바른 것을 골라 ○표를 하시오.

> 보기
>
> '대로'는 '-는, -을, -던' 등의 말 뒤에서는 띄어 쓰고, 사람이나 사물의 이름을 나타내는 말 뒤에서는 붙여 쓴다.
>
> | 들 | 은 | | 대 | 로 | | 말 | 하 | 다 | . |
> |---|---|---|---|---|---|---|---|---|---|
>
> | 사 | 실 | 대 | 로 | | 말 | 하 | 다 | . |
> |---|---|---|---|---|---|---|---|---|

1 아버지께서 적어 주신 〔 방법대로 / 방법 대로 〕 김치찌개를 끓였다.

2 이번 모둠 과제는 할 수 〔 있는대로 / 있는 대로 〕 빨리 정리해서 제출하자.

06 밑줄 그은 부분에 들어갈 속담으로 알맞은 것은? 〔 ✎　 〕

> 깊은 밤, 한 나그네가 길을 가다가 집을 발견했다. 나그네는 집으로 들어가 상냥한 말로 하룻밤 쉬어 갈 수 있는지 물었다. 집주인은 친절하게 나그네를 도왔다. 얼마 지나지 않아 그 집에 또 다른 나그네가 와서 저속한 말로 하룻밤 쉬어 갈 수 있는지 물었다. 집주인은 이번에는 나그네를 돕지 않았다. "＿＿＿＿＿＿＿＿＿＿＿"라고, 같은 내용이어도 집주인이 두 나그네의 말을 다르게 듣고 받아들였기 때문이다.

① 말은 적을수록 좋다
② 말 안 하면 귀신도 모른다
③ 말이 많으면 쓸 말이 적다
④ 말이란 아 해 다르고 어 해 다르다
⑤ 말은 해야 맛이고 고기는 씹어야 맛이다

07 다음 한자 성어를 활용한 문장으로 알맞지 않은 것은? 〔 ✎　 〕

> | 不 | 撤 | 晝 | 夜 |
> |---|---|---|---|
> | 아니다 불 | 거두다 철 | 낮 주 | 밤 야 |
>
> '불철주야'는 밤낮을 가리지 않는다는 뜻으로, 밤낮을 막론하고 조금도 쉴 사이 없이 어떤 일에 몰두하는 경우를 말한다.

① 나는 시험에 합격하기 위해 불철주야 공부했다.
② 경찰들은 범인을 잡으려고 불철주야 노력하고 있다.
③ 동생은 불철주야 게임만 해서 부모님께 크게 혼이 났다.
④ 이 한옥 마을은 관광 명소여서 불철주야 사람들이 찾아온다.
⑤ 불철주야 스마트폰만 들여다보고 있으니 눈이 나빠질 수밖에 없지.

08~10 **다음 글을 읽고, 물음에 답하시오.** 국어 문법

은어란 어떤 집단에 속한 사람들이 자기들끼리 비밀스럽게 사용하는 말이다. 10대들이 사용하는 '갑분싸(갑자기 분위기 싸해진다)', '띵곡(명곡)' 등이 그 예이다. 은어는 다른 사람들이 알아듣지 못하게 하는 데 목적이 있어서 암호와 같은 성격을 띤다. 은어는 그 말을 사용하는 사람들 간에 소속감과 동질감을 느끼게 해 주고, 그 집단의 정체성을 강화해 준다. 하지만 은어를 모르는 사람은 소외 당한다는 느낌을 받을 수 있다.

속어란 점잖지 못하고 저속한 말이다. '머리' 대신 '대가리', '웃다' 대신 '쪼개다'라는 말을 사용하는 것이 그 예이다. 속어는 경우에 따라서 가까운 사이의 정겨움을 표현하기도 한다. 그러나 때와 장소를 막론하고 습관처럼 속어를 사용하면 다른 사람에게 불쾌감을 느끼게 하고 교양 없는 사람이라는 인상을 줄 수 있다. 그러므로 은어와 속어는 가급적 고운 말로 고쳐 써야 한다.

08 이 글의 핵심 내용을 파악하여 빈칸에 들어갈 알맞은 말을 쓰시오.

{ 은어와 [   ]의 뜻과 이를 사용할 때의 장단점 }

09 은어에 대한 설명으로 알맞지 <u>않은</u> 것은? [✎   ]

① 암호와 같은 성격을 띤다.
② 집단의 정체성을 강화해 준다.
③ 사회에서 널리 사용되는 말이다.
④ '갑분싸', '띵곡' 등을 예로 들 수 있다.
⑤ 사용하지 않는 사람에게 소외감을 줄 수 있다.

10 글쓴이가 말하고자 하는 내용으로 알맞은 것은? [✎   ]

① 은어와 속어의 예를 알자.
② 은어와 속어를 더 많이 사용하자.
③ 은어와 속어를 고운 말로 고쳐 사용하자.
④ 은어와 속어를 사용하는 사람과 어울리지 말자.
⑤ 사람들과 잘 어울리기 위해 은어와 속어를 배우자.

사회 정치

14 국회는 어떤 일을 할까

대통령은 정책을
수립해요.

검사는 재판을
집행합니다.

정책

나라를 다스리다	정	政
꾀	책	策

정치적인 목적을 이루거나
사회적인 문제를 해결하기
위한 방법이나 수단

집행

처리하다	집	執
행하다	행	行

법률, 명령, 재판 등의 내용
을 실행하다.

국회 의원은
법률을 검토해요.

국민은 행정 과제를
심사하기도 해요.

검토

검사하다	검	檢
탐구하다	토	討

어떤 사실이나 의견의 내용
을 자세히 따져 보다.

심사

살피다	심	審
조사하다	사	査

어떤 기준에 따라 자세히 조
사하여 잘하고 못한 것을 가
리다.

01 밑줄 그은 어휘의 뜻에 맞는 말을 괄호 안에서 골라 ○표를 하시오.

1 우리는 장군의 명령을 <u>집행</u>하고 있을 뿐이다.

→ 뜻 법률, 명령, 재판 등의 내용을 (실행하다 │ 조사하다).

2 나는 발표 자료를 만들기 위해 관련된 책들을 <u>검토</u>했다.

→ 뜻 어떤 사실이나 의견의 내용을 (대강 │ 자세히) 따져 보다.

02 빈칸에 공통으로 들어갈 알맞은 어휘를 쓰시오.

• 정부는 경제 발전을 위한 새로운 ☐☐을 발표했다.

• 대통령은 국민들을 위한 ☐☐을 펼치기 위해 노력했다.

03 밑줄 그은 어휘의 뜻을 보기에서 골라 알맞은 기호를 쓰시오.

보기

㉠ 어떤 일에 대한 감정이나 마음

㉡ 어떤 기준에 따라 자세히 조사하여 잘하고 못한 것을 가리다.

1 내 그림은 최종 <u>심사</u>를 통과했다. [✎　]

2 동생이 재롱을 부리자 우울하던 <u>심사</u>가 나아졌다. [✎　]

04 '검(檢)' 자가 들어간 보기의 어휘 중 빈칸에 알맞은 어휘를 쓰시오.

보기

검색(檢索)　　검진(檢診)　　검사(檢查)

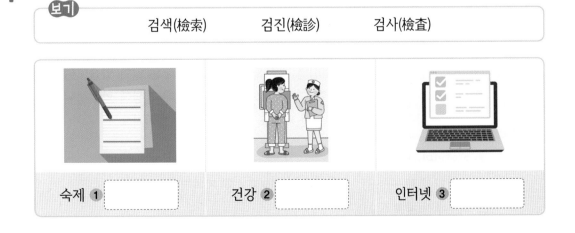

숙제 **1** ☐　　건강 **2** ☐　　인터넷 **3** ☐

05 보기를 보고, 문장에 알맞은 어휘를 괄호 안에서 골라 ○표를 하시오.

> **보기**
>
> | 못하다 | : 어떤 일을 일정한 수준에 못 미치게 하거나, 그 일을 할 능력이 없다.
> 예 공부를 못하다. |
>
> | 못 하다 | : 어떤 일을 할 수 없다. 예 공부를 못 하다. |

1 누나는 음치라서 노래를 (못한다 | 못 한다).

2 딴생각을 하느라 친구의 질문에 대답을 (못했다 | 못 했다).

3 은재는 공부는 (못하는 | 못 하는) 편이지만 운동은 무엇이든 잘한다.

06 밑줄 그은 어휘의 '재-'가 보기의 뜻으로 쓰이지 <u>않은</u> 것은?　[✎　　]

> **보기**
>
> | 재(再)- | : '다시 하는' 또는 '두 번째'의 뜻을 더하는 말 |

① 재작년에 동생이 유치원에 갔다.

② 형은 입학식 때 재학생 대표로 인사를 했다.

③ 수학 점수가 60점 미만이면 재시험을 치러야 한다.

④ 이 비누는 다 쓴 식용유를 재활용해서 만든 것이다.

⑤ 나는 발표 자료에 빠진 것은 없는지 여러 번 재검토를 했다.

07 밑줄 그은 부분에 들어갈 한자 성어로 알맞은 것은?　[✎　　]

> 임금: 지난 전쟁에서 장군이 수많은 승리를 거둔 비법은 무엇인가?
>
> 장군: '＿＿＿＿＿＿＿＿(이)면 백전불태(百戰不殆)'라는 말이 있습니다. 적군과 우리 군의 약점과 강점을 충분히 비교하고 검토한 뒤에 전쟁에 임했습니다. 상대를 알고 나를 자세히 알면 백 번 싸워도 위태롭지 않은 법이지요.

① 차일피일(此日彼日)　　　② 온고지신(溫故知新)

③ 문일지십(聞一知十)　　　④ 지피지기(知彼知己)

⑤ 지지부진(遲遲不進)

08~10 다음 글을 읽고, 물음에 답하시오. 사회 정치

우리나라는 왕이나 몇몇 귀족들에 의해 통치되는 나라가 아니라, 법에 의해 다스려지는 법치 국가이다. 따라서 법에 따라 모든 정책이나 활동이 집행되는데, 법을 만드는 기관이 바로 국회이다. 국회는 국민의 대표인 국회 의원들로 구성되며, 국회 의원은 국민의 선거로 4년마다 뽑힌다.

국회에서는 여러 가지 일을 한다. 첫째, 법을 만든다. 국회는 국민의 생활을 편리하게 하는 법을 만들고, 고치거나 없애기도 한다. 둘째, 정부가 하는 일을 감시한다. 대통령이 중심이 되는 정부가 법에 따라 일을 잘하고 있는지 확인하고, 잘못한 일이 있다면 바로잡도록 요구한다. 셋째, 나라 살림에 사용할 예산을 결정한다. 정부에서 한 해 동안 나라 살림에 얼마만큼의 돈을 쓸 것인지 계획한 예산안을 검토하고, 정부가 돈을 적절하게 사용했는지 심사한다. 이처럼 국회는 국민을 대신해 중요한 결정을 내리고 민주 정치를 이끄는 중요한 역할을 한다.

08 이 글의 핵심 내용을 파악하여 빈칸에 들어갈 알맞은 말을 쓰시오.

{ ⬚⬚⬚⬚에서 하는 일 }

09 다음에서 설명하는 사람으로 알맞은 것은? [✏]

• 국민의 선거로 4년마다 뽑힌다.
• 국민의 대표로 국회를 구성하고 있다.

① 대통령   ② 국무총리   ③ 대법원장
④ 국회 의원   ⑤ 국방부 장관

10 국회에서 하는 일이 <u>아닌</u> 것은? [✏]

① 법을 만들고, 고치거나 없애기도 한다.
② 정부가 돈을 적절하게 사용했는지 심사한다.
③ 정부가 법에 따라 일을 잘하고 있는지 확인한다.
④ 한 해 동안 나라 살림에 쓰일 예산안을 검토한다.
⑤ 국민들 간에 다툼이 생겼을 때 법에 따라 재판을 한다.

15

과학 생물

매미의 생존 지혜

남짓

크기, 수량, 부피 따위가 어느 한도에 차고 조금 남는 정도이다.

난 이 작가가 처음 출현했을 때부터 눈여겨봤어.

출현

| 나오다 | 출 出 |
| 나타나다 | 현 現 |

나타나거나 또는 나타나서 보이다.

이 책이 나온 지 일주일 남짓인데 벌써 베스트셀러가 됐어.

인기 작가가 될 거라는 걸 간파했구나.

베스트셀러

눈여겨보다

주의 깊게 잘 살펴보다.

간파

| 헤아리다 | 간 看 |
| 깨뜨리다 | 파 破 |

겉으로 드러나지 않은 점을 꿰뚫어 알아차리다.

어휘를 넓혀요

정답과 해설 20쪽

01 밑줄 그은 어휘와 뜻이 비슷한 어휘로 알맞은 것은? [✏]

> 장훈: 소진아, 예은이가 기분이 안 좋은 이유가 뭔지 아니?
>
> 소진: 잘 모르겠어. 예은이는 말을 아끼는 편이라서 속마음을 <u>알아차리기</u> 쉽지 않아.

① 간과하기   ② 간섭하기   ③ 간파하기

④ 감상하기   ⑤ 감당하기

02 다음 표에서 뜻이 비슷한 어휘를 골라 ○표를 하시오.

1 눈여겨보다

◀ 비슷한 뜻

| 주목하다 | 주도하다 | 준비하다 |

2 출현하다

◀ 비슷한 뜻

| 감추다 | 도망가다 | 등장하다 |

03 빈칸에 공통으로 들어갈 알맞은 어휘를 쓰시오.

> • (시곗바늘이 5시 5분을 가리킨 것을 보고)
>
>   지금 다섯 시 ☐☐ 되었다.
>
> • (체중계 액정에 72킬로그램이 나타난 것을 보고)
>
>   몸무게가 70킬로그램 ☐☐ 나간다.

04 '현(現)' 자가 들어간 **보기**의 어휘 중 알맞은 어휘를 골라 쓰시오.

> **보기**
>
> 재현(다시 再, 나타나다 現)   현장(나타나다 現, 장소 場)

1 소방관들이 화재 ☐☐ 에서 사람들을 구조하고 있다.

2 이 그림에는 역사 속 인물의 모습이 그대로 ☐☐ 되어 있다.

05 보기는 수량을 나타내는 말과 함께 쓰이는 어휘이다. 빈칸에 알맞은 어휘를 보기에서 골라 쓰시오.

> 보기
> • 정도 → 뜻 그만큼의 분량이나 수준
> • 약 → 뜻 어떤 수량에 가까움을 나타내는 말
> • 남짓 → 뜻 크기, 수량, 부피 따위가 어느 한도에 차고 조금 남는 정도임을 나타내는 말

1 우리 동아리 회원은 [   ] 50명이다.

2 식당에 열 명 [   ] 한 사람들이 있다.

3 형은 바빠서 일주일에 한 번 [   ] 밖에 보지 못한다.

06 밑줄 그은 부분에 공통으로 들어갈 알맞은 관용 표현을 골라 ✓표를 하시오.

> • 주인이 먹다 남긴 고구마에 강아지가 _____.
> • 용돈을 모아 1년 동안 _____ 게임기를 드디어 장만하다.

☐ 눈총을 쏘다	☐ 눈독을 들이다	☐ 눈길을 거두다
몹시 쏘아보거나 노려보다.	차지하고자 욕심을 내어 눈여겨보다.	보고 있던 것에서 다른 것으로 눈을 돌리다.

07 밑줄 그은 한자 성어의 뜻으로 알맞은 것은?

> 도적의 우두머리가 된 홍길동은 나쁜 부자들의 재물을 빼앗았다. 홍길동은 동에 번쩍 서에 번쩍 하며 전국을 돌아다녔다. 임금은 홍길동을 잡으려고 전국에 군사들을 풀었지만 신출귀몰(神出鬼沒)하는 홍길동을 잡지 못하였다.

① 어느 곳에서 떠나지 않고 머물다.
② 세상일을 피하여 찾을 수 없는 곳에 숨다.
③ 일정한 간격을 두고 나타났다가 사라지다.
④ 움직임을 쉽게 알 수 없을 만큼 자유롭게 나타나고 사라지다.
⑤ 어떤 모습이나 생각이 자꾸 순간적으로 나타났다가 사라지다.

다음 글을 읽고, 물음에 답하시오. 과학 생물

매미는 여름을 알리는 대표적인 곤충으로, 오늘날 지구에는 3,000여 종의 매미가 살고 있다. 매미는 번데기 과정 없이 알과 애벌레의 단계만 거쳐 성충이 된다. 매미는 여름에 짝짓기를 하여 알을 낳는데, 알에서 깨어난 애벌레는 땅속으로 들어가 오랫동안 허물을 벗으며 성장한다. 성충이 된 매미는 세상에 나와 2주 남짓한 기간 동안 마음껏 울다가 죽는다.

우리는 매미가 땅속에서 애벌레로 지내는 기간을 눈여겨볼 필요가 있다. 이 기간이 매미의 출현 주기가 되는데, 매미는 종류에 따라 어떤 매미는 3년, 어떤 매미는 5년, 또는 7년, 13년, 17년 주기로 세상 밖으로 나온다. 이 숫자들의 공통점은 1과 그 수 자신만으로 나누어지는 수인 '소수'라는 점이다. 매미가 소수를 주기로 등장하는 이유는 천적과 만날 가능성을 줄이기 위해서이다. 예를 들어 17년을 주기로 등장하는 매미가 있는데, 그 천적이 3년을 주기로 등장한다면 51년에 한 번씩만 만나게 된다. 매미는 소수를 주기로 출현하는 것이 종족 보존에 유리하다는 사실을 간파한 것이다.

08 이 글의 핵심 내용을 파악하여 빈칸에 들어갈 알맞은 말을 쓰시오.

{ 매미의 생애와 매미의 [   ] 주기에 담긴 지혜 }

09 매미에 대한 설명으로 알맞은 것은? [✎   ]

① 봄에 짝짓기를 하여 알을 낳는다.
② 겨울을 알리는 대표적인 곤충이다.
③ 오랜 시간을 번데기 상태로 지낸다.
④ 오늘날 지구에는 100여 종의 매미가 살고 있다.
⑤ 다 자란 매미는 2주 조금 넘는 기간밖에 살지 못한다.

10 매미가 소수를 주기로 출현하는 이유로 알맞은 것은? [✎   ]

① 천적을 피해 종족을 보존하려고
② 짝짓기를 하는 기간이 정해져 있어서
③ 여름에만 세상 밖에 나올 수 있으므로
④ 성충이 되어 울 수 있는 기간이 짧아서
⑤ 먹잇감이 가장 많이 등장하는 시기라서

수학 통계

16 생활을 편리하게 하는 수학

저쪽 상가에서 불이 났나 봐. 소방차가 지나갔어.

경찰관이 사람들이 접근하지 못하게 통제하고 있더라고.

접근

가까이 하다	접	接
가깝다	근	近

가까이 다가가다.

통제

거느리다	통	統
막다	제	制

일정한 방침이나 목적에 따라 행동하는 것을 막다.

소금을 적당히 치라고 써 있어서 애매해.

재료의 양이나 만드는 과정을 세밀하게 알려 주면 좋을 텐데.

애매

희미하다	애	曖
어둡다	매	昧

희미하여 분명하지 아니하다.

세밀하다

자세하다	세	細
빽빽하다	밀	密

자세하고 꼼꼼하다.

01 빈칸에 공통으로 들어갈 알맞은 어휘를 쓰시오.

• 지역 도서관은 주민들이 ☐☐ 하기 좋은 곳에 위치해야 한다.

• 주희는 고양이가 놀라지 않도록 조용한 발걸음으로 천천히 ☐☐ 했다.

02 밑줄 그은 어휘와 뜻이 비슷한 어휘가 <u>아닌</u> 것을 골라 ✓표를 하시오.

지하철 공사 때문에 일부 도로에 자동차가 다니는 것을 <u>통제했다</u>.

☐ 막았다　　☐ 제한했다　　☐ 금지했다　　☐ 방치했다

03 다음 표에서 뜻이 비슷하거나 반대되는 어휘를 골라 ○표를 하시오.

1 세밀하다

└─ 비슷한 뜻

엉성하다 | 치밀하다 | 조잡하다

2 애매하다

└─ 반대의 뜻

확실하다 | 대중없다 | 흐릿하다

04 '근(近)' 자가 들어간 보기의 어휘 중 빈칸에 알맞은 어휘를 골라 쓰시오.

보기

최근(가장 最, 가깝다 近)　　근처(가깝다 近, 곳 處)

1 우리 집 ☐☐ 에는 음식점이 많다.

2 이 건물은 ☐☐ 에 지어서 매우 깨끗하다.

05 〔 〕안의 말 중에서 띄어쓰기가 바른 것을 골라 ○표를 하시오.

1 다리를 다친 친구를 〔 도와주었다 / 도와 주었다 〕.

2 주호는 선생님의 물음에 〔 자신없게 / 자신 없게 〕 대답했다.

3 수아는 잠든 동생에게 가까이 〔 다가가 / 다가 가 〕 이불을 덮어 주었다.

06 밑줄 그은 엄마의 말에 들어갈 수 있는 속담으로 알맞은 것은? [✎　　]

> 철중이는 숙제를 안 하고 놀아서 엄마께 혼이 났다. 그런 상황에서 반려견 흰둥이가 놀
> 아 달라고 꼬리를 흔들며 가까이 다가오자 철중이는 흰둥이에게 저리 가라며 화를 냈다.
> 이 모습을 본 엄마는
> 　"_____더니 엄마한테 꾸지람을 들었다고 흰둥이한테 화풀
> 이하는 거니? 흰둥이한테 큰 소리 치면 더 혼날 줄 알아!"
> 하고 말씀하셨다.

① 달도 차면 기운다
② 하나를 보고 열을 안다
③ 우물을 파도 한 우물을 파라
④ 원수는 외나무다리에서 만난다
⑤ 종로에서 뺨 맞고 한강에 가서 눈 흘긴다

07 다음 한자 성어가 밑줄 그은 부분에 들어가기에 알맞은 것은? [✎　　]

走	馬	看	山
달리다 주	말 마	보다 간	산 산

> '주마간산'은 말을 타고 달리며 산과 강을 구경한다는 뜻의 한자 성어이다. 일이 바빠
> 서 세밀하게 살피지 아니하고 대충대충 보고 지나가는 경우에 사용한다.

① 그는 _____ 연구에 몰두해서 성과를 냈다.
② 폭설이 내려 _____ 끝에 살아서 돌아왔다.
③ 그는 싸움을 말리지 않고 _____ 하고 있다.
④ 그는 교통 위반을 하고도 _____ 하게 끝까지 아니라고 우겼다.
⑤ 미술관에 머무는 시간이 많지 않아 눈에 띄는 작품만 _____ 으로 감상했다.

08~10 다음 글을 읽고, 물음에 답하시오.   수학 통계

　퍼지 이론은 우리의 생활을 편리하게 해 주는 수학 이론이다. '퍼지(fuzzy)'는 '애매하다'라는 뜻으로, 퍼지 이론은 주관적이고 애매한 개념을 수학적으로 접근하여 분명하게 결론 내릴 수 있게 한다. 본래의 컴퓨터는 시스템을 '예' 또는 '아니오', '0' 또는 '1'로만 처리했다. 그러나 퍼지 이론이 나온 뒤에는 '0'에서 '1' 사이의 값을 연속적으로 고려하여 다양한 결론을 내릴 수 있게 되었다.

　그렇다면 실생활에서 퍼지 이론은 어떻게 이용되고 있을까? 컴퓨터가 지하철을 '정지' 또는 '주행'으로만 운행했을 때에는 갑자기 속도가 줄어들거나 빨라져서 덜컹거림이 심했다. 그러나 속도가 줄어들고 빨라지는 단계를 세밀하게 나눈 퍼지 이론을 적용하고 난 뒤에는 덜컹거림이 크게 줄었다. 전기밥솥의 경우 전원이 켜지면 열이 들어오고, 일정 온도가 되면 전원이 꺼져서 열이 식어 버려 밥맛이 좋지 않았다. 하지만 퍼지 이론을 적용한 뒤에는 밥 짓는 온도를 세밀하게 통제하여 밥맛이 좋아졌다. 또한 퍼지 이론은 세탁기가 세탁물의 양과 오염 정도를 스스로 판단하여 적정한 세탁 시간을 결정하는 등의 인공 지능 기술에도 이용되고 있다.

08 이 글의 핵심 내용을 파악하여 빈칸에 들어갈 알맞은 말을 쓰시오.

{ [⬚⬚⬚⬚⬚⬚]의 뜻과 실생활에서 이용되는 예 }

09 이 글에서 알 수 있는 사실로 알맞지 **않은** 것은?   [✎　]

① 퍼지 이론은 인공 지능 기술에도 이용되고 있다.
② 퍼지 이론은 우리 생활을 편리하게 해 주는 수학 이론이다.
③ 퍼지 이론은 컴퓨터가 애매한 개념을 분명하게 결론 내리게 한다.
④ 퍼지 이론은 컴퓨터가 인간보다 세밀한 판단을 할 수 있다는 것을 보여 준다.
⑤ 퍼지 이론이 나오기 전의 컴퓨터는 시스템을 '예' 또는 '아니오', '0' 또는 '1'로만 처리했다.

10 빈칸에 들어갈 알맞은 말을 이 글에서 찾아 쓰시오.

퍼지 이론이
이용되는 예 ------

• 지하철: '**1**[⬚⬚⬚⬚]' 또는 '주행'으로만 운행되던 것을 속도의 단계를 세밀하게 나누어 덜컹거림이 줄었음.
• 전기밥솥: '켜짐' 또는 '꺼짐'으로만 작동되던 밥 짓는 **2**[⬚⬚⬚⬚]를 세밀하게 통제하여 밥맛이 좋아짐.

과학 기술

17 문화재 다시 살리기

밀폐

빈틈없다	밀 密
닫다	폐 閉

샐 틈이 없이 꼭 막거나 닫다.

복원

돌아오다	복 復
원래	원 原

원래의 상태나 모습으로 돌아가게 하다.

이 그림은 밀폐된 공간에 보관되어 있어서 그나마 손상이 덜 되었어요. 오염되었던 일부분도 복원되어 완전한 모습을 되찾았답니다.

문화재를 훼손하면 강력 조치합니다.

훼손

헐다	훼 毁
잃다	손 損

헐거나 깨뜨려 못 쓰게 만들다.

조치

처리하다	조 措
세우다	치 置

벌어진 일의 상태를 잘 살펴서 필요한 대책을 세워 행하다.

01 빈칸에 들어갈 알맞은 어휘를 각각 쓰시오.

> 도은: 요즘 잔디밭에 쓰레기를 버리거나 꽃을 꺾어서 공원을 ❶ ☐☐ 하는 사람들이 많아.
>
> 하남: 아무래도 벌금을 내게 하는 등 단호하게 ❷ ☐☐ 해야겠어.

02 밑줄 그은 부분과 바꾸어 쓸 수 있는 어휘를 골라 ✔표를 하시오.

1 이 그림은 훼손이 심해 <u>원래 상태로 되돌리기</u> 쉽지 않다.
↳ (☐ 복원하기 | ☐ 보관하기)

2 사고가 일어난 후 제대로 된 <u>대처</u>를 하지 못해서 문제가 생겼다.
↳ (☐ 계획 | ☐ 조치)

03 빈칸에 공통으로 들어갈 어휘로 알맞은 것을 골라 ○표를 하시오.

> • 창문도 없는 ☐☐ 된 방 안에서 오랫동안 공부를 했더니 머리가 아프다.
>
> • 음식이 상하지 않도록 반찬을 ☐☐ 용기에 담아서 냉장고에 보관했다.

| 개방 | 공개 | 밀집 | 밀폐 |

04 빈칸에 '닫다 폐(閉)' 자가 들어간 어휘를 쓰시오.

1 자연 보호를 위해 당분간 등산로 입구를 폐☐ 하기로 했다.
문 따위를 닫아걸거나 막아 버리다.

2 책을 읽는 사람들이 줄어들면서 많은 서점들이 폐☐ 위기에 놓였다.
영업을 그만두다.

05 문장에 알맞은 어휘를 괄호 안에서 골라 ○표를 하시오.

1 누나는 정말 고집이 (세다 | 새다).

2 태풍이 와서 바람이 무척 (세다 | 새다).

3 도시락 통에서 김치 국물이 (세다 | 새다).

06 보기를 보고, 밑줄 그은 부분의 뜻이 중복되지 않도록 고쳐 쓰시오.

보기

> 훼손된 유물을 <u>원래의 상태로 만들어 복원하려고</u> 한다.
>
> → 원래의 상태로 만들려고 | 복원하려고
>
> '복원(復元)'은 '원래의 상태나 모습으로 돌아가게 하다.'라는 뜻으로 이 말 앞에 '원래의 상태로 만들어'가 붙으면 뜻이 중복된다. 따라서 밑줄 그은 부분을 '원래의 상태로 만들려고' 또는 '복원하려고'로 고쳐 쓰는 것이 좋다.

1 이번에 <u>새로 나온 신곡</u>이 마음에 든다.

→ 새로 나온 곡 |

2 <u>방학 기간 동안</u>에 게임을 실컷 하고 싶다.

→ 방학 기간 |

07 밑줄 그은 부분과 바꾸어 쓸 수 있는 내용으로 알맞은 것은? [✎   ]

> 수호: 지영아, 늦어서 미안해. 오늘따라 도로에 차들이 꽉꽉 차 있지 뭐야.
> 지영: 그랬구나. 약속 시간을 잘 지키는 네가 웬일인가 했어. <u>도로에서 차가 막히면 어떠한 조치도 취할 수 없지.</u>

① 손이 묶인 듯 '속수무책(束手無策)'이었구나.
② '침소봉대(針小棒大)'라더니 과장이 심하구나.
③ 이리저리 '동분서주(東奔西走)'하느라 바빴겠구나.
④ 앞뒤를 생각하지 않고 '경거망동(輕擧妄動)'했구나.
⑤ '풍전등화(風前燈火)'의 상황에서 큰일 날 뻔했구나.

08~10 다음 글을 읽고, 물음에 답하시오. 과학 기술

문화재는 조상들이 남긴 유산 중에서 역사적·문화적으로 가치가 높아 보호해야 하는 것을 말한다. 문화재는 조상들의 삶의 지혜와 살아온 역사를 보여 주는 자료가 되고, 문화를 발전시키는 밑거름이 된다. 문화재는 어디서든 볼 수 있는 물건들과 달리 세상에 단 하나뿐인 존재이다. 그런데 오랜 세월을 지나면서 손상되거나 훼손된 문화재가 많다. 오늘날에는 문화재가 더 이상 손상되지 않도록 보존하고, 훼손이 심한 경우에는 과학 기술로 복원하고 있다.

문화재 보존 작업을 할 때는 먼저 손상을 일으키는 원인부터 찾아 없앤다. 금속으로 만들어진 문화재는 녹이 슨 부분을 없애고, 나무로 만들어진 문화재는 곰팡이가 피지 않도록 온도와 습도를 적당하게 조절한다. 또 특별히 손상이 잘 되는 문화재는 밀폐된 공간에서 안전하게 보존한다. 만약 문화재가 심각하게 훼손되었다면 원래 모습에 가깝도록 복원하는 과정을 거친다. 이때는 문화재가 만들어진 시기를 정확히 파악하고, 문화재의 재질이나 상태 등을 철저히 분석하여 그에 맞는 조치를 한다.

08 이 글의 핵심 내용을 파악하여 빈칸에 들어갈 알맞은 말을 쓰시오.

손상되거나 훼손된 〔   〕의 보존과 복원 방법

09 문화재에 대한 설명으로 알맞지 <u>않은</u> 것은? [✏   ]

① 역사를 보여 주는 자료가 된다.
② 조상들의 삶의 지혜가 담겨 있다.
③ 언제 어디서든 흔하게 볼 수 있다.
④ 앞으로의 문화 발전에 밑거름이 된다.
⑤ 역사적·문화적 가치가 높아 보호해야 한다.

10 이 글을 읽고 알맞은 반응을 보인 사람을 쓰시오.

지호: 특별히 손상이 잘 되는 문화재는 개방된 공간에서 보존하는 것이 좋겠구나.
희수: 나무로 된 문화재를 보존할 때에는 온도와 습도를 최대한 높게 유지해야겠구나.
은아: 문화재를 복원할 때에는 철저한 분석을 통해 원래 모습에 가깝게 복원하는 것이 중요하겠구나.

[✏   ]

국어 쓰기

18 네잎클로버가 상징하는 것

추상적

없애다	추	抽
모양	상	象
~하는 것	적	的

직접 경험하거나 깨달을 수 있는 어떤 형태와 성질을 갖추고 있지 않은 것

보편화

두루 미치다	보	普
두루 퍼지다	편	遍
되다	화	化

사회에 널리 퍼지다. 또는 그렇게 되게 하다.

음식의 향에서 이국적인 정서가 느껴져.

식당 이름을 추상적으로 짓는 게 보편화된 것 같아.

메뉴 설명이 너무 길다. 압축할 필요가 있겠어.

정서

| 마음의 작용 | 정 | 情 |
| 마음 | 서 | 緖 |

사람의 마음에 일어나는 여러 가지 감정 또는 감정을 불러일으키는 기분이나 분위기

압축

| 합치다 | 압 | 壓 |
| 줄이다 | 축 | 縮 |

글이나 내용, 문장 따위를 줄여 짧게 하다.

01 빈칸에 들어갈 알맞은 어휘를 쓰시오.

> 수지: 이 그림은 무엇을 그린 것인지 잘 모르겠어.
>
> 은호: 선과 면으로만 표현되어서 매우 ☐☐☐ 이야.

02 밑줄 그은 어휘의 뜻에 맞는 말을 괄호 안에서 골라 ○표를 하시오.

> 인터넷의 <u>보편화</u>로 멀리 있는 사람과도 정보를 자유롭게 주고받을 수 있게 되었다.
>
> → 뜻 사회에 (좁게 | 널리) 퍼지다. 또는 그렇게 되게 하다.

03 밑줄 그은 어휘와 뜻이 비슷한 어휘를 골라 ✓표를 하시오.

> 이 노래에 담긴 주된 <u>정서</u>는 사랑과 그리움이다.

☐ 의견 ☐ 감정 ☐ 행동 ☐ 기억

04 밑줄 그은 어휘의 뜻을 보기 에서 골라 알맞은 기호를 쓰시오.

> 선생님은 길고 복잡한 이야기를 간단히 <u>압축해서</u> 설명하셨다.

보기
ㄱ 범위나 거리를 줄이다.
ㄴ 글이나 내용, 문장 따위를 줄여 짧게 하다.
ㄷ 물질 따위에 압력을 가하여 그 부피를 줄이다.

[🖉   ]

05 보기는 '그렇게 만들거나 되다.'의 뜻을 더하는 말인 '-화(化)'가 들어간 어휘이다. 빈칸에 들어갈 알맞은 어휘를 보기에서 골라 쓰시오.

보기

| 생활화(生活化) | 세계화(世界化) | 대중화(大衆化) |

1 인터넷의 [   ]로 누구나 정보를 빨리 접할 수 있게 되었다.

대중 사이에 널리 퍼져 친숙해지다. 또는 그렇게 되게 하다.

2 할아버지께서는 절약이 [   ]되어 항상 물건을 아껴 쓰신다.

생활 습관이 되거나 실생활에 옮겨지다. 또는 그렇게 되게 하다.

3 한국 음식의 [   ]를 통해 우리의 전통 음식을 세계에 알립시다.

세계 여러 나라를 이해하고 세계적으로 나아가다. 또는 그렇게 되게 하다.

06 밑줄 그은 관용 표현이 나타내는 감정으로 알맞은 것을 선으로 이으시오.

1 형사와 눈이 마주친 범인은 가슴이 뜨끔했다. •   • ㉠ 몹시 감동이 크다.

2 어머니의 사랑을 생각하니 가슴이 뜨거워진다. •   • ㉡ 마음이 깜짝 놀라거나 양심에 찔리다.

3 우리 가족은 형이 사고에서 무사하다는 소식을 듣고 가슴을 쓸어내렸다. •   • ㉢ 곤란한 일이나 걱정 따위가 해결되어 마음을 놓다.

07 밑줄 그은 부분에 공통으로 들어갈 한자 성어로 알맞은 것을 골라 ✓표를 하시오.

- 재호는 아무리 친구들이 질문을 해도 _____도 하지 않았다.
- 오빠가 나에게 _____도 없이 간식을 다 먹어서 기분이 몹시 상했다.

☐ 일언반구(一言半句)
한 마디 말이나 아주 짧은 말

☐ 일구이언(一口二言)
한 가지 일에 대하여 말을 이랬다저랬다 하다.

☐ 감언이설(甘言利說)
귀가 솔깃하도록 남의 비위를 맞추거나 상황이 이로운 것처럼 꾸민 말

08~10 다음 글을 읽고, 물음에 답하시오.   국어 쓰기

네잎클로버는 잎이 네 개 달린 토끼풀에 지나지 않지만 우리에겐 큰 의미로 다가온다. 이 풀이 바로 행운을 상징하기 때문이다. 상징이란 '행운'과 같은 추상적인 대상을 '네잎클로버'와 같은 구체적인 대상으로 표현하는 방법이다. 상징은 대상이 지닌 본래의 의미에 새로운 의미를 더하여 보다 넓고 풍부한 의미를 표현할 수 있다.

상징은 크게 세 종류로 나눌 수 있다. 첫째, ㉠역사, 문화, 종교 등에서 되풀이되어 나타남으로써 전 세계 사람들에게 비슷한 정서나 의미를 불러일으키는 상징이 있다. '물'이 '생명력, 깨끗함' 등을 나타내는 것이 그 예이다. 둘째, ㉡특정 사회에서 오랫동안 사용되면서 그 의미가 보편화된 상징이 있다. 그 예로 동양의 '소나무'가 예부터 '지조'를 상징하는 것을 들 수 있다. 셋째, ㉢개인이 작품 속에서 새롭게 만들어 낸 상징이 있다. 일제 강점기에 쓰인 윤동주의 시 「서시」에서 '하늘'은 '말하는 이의 삶의 지향, 희망' 등을 상징한다. 이렇게 작가는 자신이 말하고 싶은 내용을 압축해서 표현하기 위해 상징을 사용한다.

08 이 글의 핵심 내용을 파악하여 빈칸에 들어갈 알맞은 말을 쓰시오.

{ ☐☐☐☐ 의 뜻과 종류 }

09 이 글의 내용과 일치하지 않는 것은?   [✐   ]

① 상징을 사용하면 보다 넓고 풍부한 의미를 표현할 수 있다.
② 전 세계 사람들에게 비슷한 정서를 불러일으키는 상징도 있다.
③ 상징은 구체적인 대상을 추상적인 대상으로 표현하는 방법이다.
④ 작가는 상징을 사용함으로써 말하고자 하는 바를 압축해서 표현한다.
⑤ 특정 사회에서 오랫동안 쓰이면서 그 뜻이 굳어져 널리 알려지면 상징이 된다.

10 보기 의 내용은 ㉠~㉢ 중 어떤 상징에 해당하는지 알맞은 기호를 쓰시오.

보기
동양의 '소나무'가 예부터 '지조'를 상징한다.

[✐   ]

사회 지리

소리 없는 자원 전쟁

매장량

묻다	매	埋
감추다	장	藏
양	량	量

석유나 가스와 같은 지하자원이 땅속에 묻혀 있는 양

비옥

| 기름지다 | 비 | 肥 |
| 기름지다 | 옥 | 沃 |

흙에 식물이 잘 자랄 수 있게 하는 성분이 많이 들어 있다.

우리나라는 석유 매장량이 세계 최고입니다. 땅이 비옥해서 농업도 발달했지요.

인접한 국가는 저렇게 형편이 좋은데……. 우리 국민의 삶이 우려되는군.

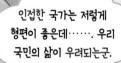

인접

| 이웃 | 인 | 鄰 |
| 잇다 | 접 | 接 |

이웃하여 있거나 옆에 닿아 있다.

우려

| 근심하다 | 우 | 憂 |
| 걱정하다 | 려 | 慮 |

근심하거나 걱정하다.

01 빈칸에 공통으로 들어갈 어휘로 알맞은 것은? [✎   ]

· 그 나라의 금 [   ]은 전 세계의 30퍼센트를 차지한다.

· 지하자원의 [   ]은 제한되어 있으므로 자원을 아껴 써야 한다.

① 강수량　　② 노동량　　③ 목표량　　④ 매장량　　⑤ 거래량

02 밑줄 그은 어휘의 뜻에 맞는 말을 괄호 안에서 골라 ○표를 하시오.

우리 밭은 비옥해서 해마다 농작물이 잘 자란다.
→ 뜻 흙에 식물이 잘 자랄 수 있게 하는 성분이 (적게 | 많이)
들어 있다.

03 밑줄 그은 어휘와 뜻이 비슷한 어휘를 괄호 안에서 골라 ✓표를 하시오.

1 우리 집은 지하철역과 인접해 있어 교통이 편리하다.
↳(☐ 멀리 | ☐ 이웃해 | ☐ 떨어져)

2 왕은 적의 침입을 우려하여 성벽을 더욱 단단하게 쌓았다.
↳(☐ 기대하여 | ☐ 안심하여 | ☐ 걱정하여)

04 '우(憂)' 자가 들어간 보기의 어휘 중 빈칸에 알맞은 어휘를 골라 쓰시오.

보기
우울(근심하다 憂, 답답하다 鬱)　　우환(근심하다 憂, 병 患)

1 지우는 [   ]한 마음을 떨쳐 버리려고 산책을 나갔다.

근심스럽거나 답답하여 활기가 없다.

2 올해도 집안에 별다른 [   ] 없이 가족 모두가 건강해서 다행이다.

집안에 복잡한 일이나 환자가 생겨서 나는 걱정이나 근심

05 보기를 보고, 문장에 알맞은 어휘를 괄호 안에서 골라 ○표를 하시오.

> **보기**
>
> **무치다** : 나물 따위에 양념을 넣고 골고루 섞이게 하다. **예** 시금치를 무치다.
>
> **묻히다** : 물건이 흙이나 다른 물건 속에 넣어져 보이지 않게 덮이다.
> **예** 땅속에 묻히다.

1 진우는 땅속에 (무친 | 묻힌) 감자를 캤다.

2 나는 비빔밥에 들어갈 나물을 (무쳤다 | 묻혔다).

3 우리 집 뒷마당에는 김칫독이 (무쳐 | 묻혀) 있다.

06 보기를 보고, 빈칸에 들어갈 알맞은 어휘를 쓰시오.

> **보기**
>
> 기름양(기름量)   매장량(埋藏量)   칼로리양(kcal量)
>
> '양/량(量)'은 분량이나 수량을 나타내는 말로, 고유어와 외래어 뒤에는 '양'을 쓰고 한자어 뒤에는 '량'을 쓴다.

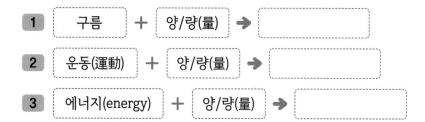

1 구름 + 양/량(量) ➡ ☐

2 운동(運動) + 양/량(量) ➡ ☐

3 에너지(energy) + 양/량(量) ➡ ☐

07 다음 상황과 어울리는 속담으로 알맞은 것은? [✎   ]

> 우리 집은 오 남매로, 내 위로는 두 명의 누나가 있고 아래로는 남동생과 여동생이 있다. 늘 시끌벅적한 우리 집은 사건 사고가 끊이지 않는다. 며칠 전에는 작은 누나가 자전거를 타다가 넘어져서 한쪽 팔에 깁스를 했고, 어제는 여동생이 식탁 모서리에 이마를 찧어서 여섯 바늘이나 꿰맸다. 부모님은 우리 때문에 걱정이 끊일 날이 없다며 조심해서 다니라고 늘 말씀하신다.

① 원숭이도 나무에서 떨어진다   ② 나무를 보고 숲을 보지 못한다

③ 열 번 찍어 아니 넘어가는 나무 없다   ④ 가지 많은 나무에 바람 잘 날이 없다

⑤ 될성부른 나무는 떡잎부터 알아본다

08~10 다음 글을 읽고, 물음에 답하시오. 사회 지리

인구가 늘어나고 산업이 발달할수록 자원의 소비도 늘고 있다. 하지만 자원의 매장량은 한정되어 있고, 자원이 일부 지역에만 집중하여 매장되어 있기도 하다. 그래서 ㉠자원을 둘러싼 국가 간 갈등이 끊임없이 발생하고 있다.

석유 자원은 현재 전 세계에서 가장 많이 소비하는 자원으로, 매장량이 주로 서남아시아 지역에 집중해 있다. 그런데 석유를 보유한 국가들이 석유 가격을 크게 올려 세계 경제가 큰 혼란을 겪은 적이 있다. 그 뒤로 석유를 둘러싼 국가 간 경쟁이 더욱 치열해졌고, 석유 매장지와 인접한 국가들은 서로 석유를 차지하기 위해 갈등하고 있다. 식량 자원을 둘러싼 갈등도 심각하다. 식량 자원이 부족한 국가는, 토양이 비옥하여 식량 자원이 풍부한 국가에서 농작물을 수입한다. 그런데 식량 자원을 수출하는 나라가 농작물 가격을 갑자기 올리면 식량 자원이 부족한 나라는 농작물을 수입하지 못해 위기에 처하게 된다. 이처럼 일부 국가들이 자기 나라의 이익을 위해 자원을 무기처럼 사용하면서 국가 간 자원 전쟁에 대한 우려가 커지고 있다.

08 이 글의 핵심 내용을 파악하여 빈칸에 들어갈 알맞은 말을 쓰시오.

{ 　　　　　　　을 둘러싸고 발생하는 국가 간 갈등 }

09 다음에서 설명하는 자원의 이름을 찾아 쓰시오.

현재 전 세계에서 가장 많이 소비하는 자원으로, 매장량이 주로 서남아시아 지역에 집중되어 있다.

[　　　　　]

10 ㉠의 원인으로 알맞지 않은 것은? [　　　　　]

① 자원의 매장량이 한정되어 있기 때문에
② 자원에 대한 소비가 점점 늘고 있기 때문에
③ 모든 자원의 가격을 국제단체에서 정하기 때문에
④ 자원이 일부 지역에 집중하여 매장되어 있기 때문에
⑤ 자원을 보유한 나라들이 자기 나라의 이익만 추구하기 때문에

20 소리의 크기

증가

늘다	증	增
더하다	가	加

양이나 수가 늘어나거나 많아지다.

요즘 우리나라의 김치 수출량이 증가하는 현상이 지속되고 있대요.

지속

유지하다	지	持
계속하다	속	續

어떤 상태를 오래 계속하다.

번화가라 그런지 밤인데도 너무 밝다.

빛에 민감한 사람들은 이 주변에서 못 살겠어.

번화가

번성하다	번	繁
빛나다	화	華
거리	가	街

상업 활동이 활발하고 화려한 도시의 거리

민감

재빠르다	민	敏
느끼다	감	感

자극에 빠르게 반응을 보이거나 쉽게 영향을 받다.

어휘를 넓혀요

정답과 해설 25쪽

01 빈칸에 들어갈 알맞은 어휘를 쓰시오.

1 내가 가는 영화관은 백화점이 몰려 있는 ⬚⬚⬚에 있다.

2 자동차 수가 계속 ⬚⬚하면서 대기 오염이 점점 심각해지고 있다.

02 다음 표에서 뜻이 비슷하거나 반대되는 어휘를 골라 ○표를 하시오.

계속 ｜ 약속 ｜ 소속	비슷한 뜻	지속	반대의 뜻	차지 ｜ 연장 ｜ 중단

03 밑줄 그은 어휘와 뜻이 반대되는 어휘를 골라 ✔표를 하시오.

1 올해 배추 생산량이 <u>증가해서</u> 배추 가격이 낮아졌다.

☐ 늘어나서　　☐ 일정해서　　☐ 감소해서　　☐ 많아져서

2 개는 청력이 인간보다 뛰어나서 작은 소리에도 <u>민감하게</u> 반응한다.

☐ 예민하게　　☐ 날카롭게　　☐ 민첩하게　　☐ 둔감하게

04 '증(增)' 자가 들어간 **보기**의 어휘 중 빈칸에 알맞은 어휘를 골라 쓰시오.

> **보기**
> 증진(늘다 增, 나아가다 進)　　급증(급하다 急, 늘다 增)

1 갑자기 기온이 크게 오르자 에어컨 사용이 ⬚⬚했다.
　　　　　　　　　　　　　　　　　갑작스럽게 늘어나다.

2 체력 ⬚⬚과 스트레스 해소를 위해 체육관을 찾는 사람들이 늘고 있다.
기운이나 세력 따위가 점점 더 늘어 가고 나아가다.

05 밑줄 그은 어휘의 표기가 바르지 <u>않은</u> 것은? [✐   ]

① 예진이는 연필 하나도 <u>소홀히</u> 다루지 않는다.

② 수미는 다른 사람보다 유행에 <u>민감히</u> 반응한다.

③ 네 잘못을 <u>솔직히</u> 말했으니 이번에는 용서해 줄게.

④ 기호는 집에 오면 제일 먼저 손발을 <u>깨끗히</u> 씻는다.

⑤ 어머니는 할머니께서 물려주신 반지를 <u>각별히</u> 아끼신다.

06 밑줄 그은 부분과 뜻이 통하는 속담으로 알맞은 것은? [✐   ]

> 그동안 학교 담벼락에 몰래 낙서를 한 범인이 잡혔다. 범인은 우리 반 세호였다. 세호는 처음 낙서를 했을 때 아무에게도 들키지 않자 담벼락에 계속해서 낙서를 했고, 결국 선생님께 들켜 크게 혼이 났다고 한다. 역시 <u>못된 행동을 아무리 남모르게 한다고 해도 여러 번 계속하면 결국에는 들키는 법이다.</u>

① 고양이 쥐 생각
② 꼬리가 길면 밟힌다
③ 빈 수레가 요란하다
④ 믿는 도끼에 발등 찍힌다
⑤ 못 먹는 감 찔러나 본다

07 밑줄 그은 부분에 들어갈 한자 성어로 알맞은 것은? [✐   ]

> 아빠: 민우야, 내년이면 중학생이 되는데 용돈 좀 올려 줄까?
> 민우: 저야 올려 주시면 감사하죠! _____(이)라고, 용돈은 많으면 많을수록 좋잖아요.

① 다다익선(多多益善)
② 구사일생(九死一生)
③ 막상막하(莫上莫下)
④ 다사다난(多事多難)
⑤ 대기만성(大器晚成)

08~10 다음 글을 읽고, 물음에 답하시오. 　　과학 소리

　　소리는 공기를 통해 전달된다. 어떤 물체가 진동하면 주변의 공기가 같이 진동하고, 이것이 귓속의 고막까지 전달되어 소리를 듣는 것이다. 사람의 귀는 작은 소리에는 민감하게 반응하고, 큰 소리에는 둔하게 반응하도록 조절하는 기능이 있다. 따라서 소리의 세기가 10배가 되더라도 사람의 귀는 10배가 아니라 2배 정도 커졌다고 느끼게 된다.

　　'데시벨(dB)'은 사람의 청각에 가까운 형태로 소리의 크기를 나타내는 단위이다. 사람이 들을 수 있는 가장 작은 소리는 0데시벨이다. 여기서 10데시벨이 증가하면 소리의 세기는 10배가 된다. 20데시벨은 10데시벨의 2배 세기가 아니라 10배 세기의 소리가 된다. 그러므로 도시 번화가에서의 교통 소음은 약 70데시벨이지만, 이것은 조용한 도서관에서 나는 소리인 40데시벨보다 1,000배만큼 큰 소리이다. 일반적으로 사람은 100데시벨 정도의 소리를 들으면 고통을 느끼는데, 비행기 엔진의 소음은 무려 120데시벨 정도이다. 사람이 이처럼 시끄럽고 큰 소리에 노출되는 것이 지속되면 심각한 경우 청력을 잃을 수도 있다.

08 이 글의 핵심 내용을 파악하여 빈칸에 들어갈 알맞은 말을 쓰시오.

｛　　사람이 소리를 듣는 원리와 소리의 ☐☐☐를 나타내는 단위　　｝

09 소리에 대한 설명으로 알맞지 <u>않은</u> 것은? ［✏　　］

① 소리는 공기의 진동을 통해 전달된다.
② 사람이 들을 수 있는 가장 작은 소리는 0데시벨이다.
③ 20데시벨의 소리는 10데시벨의 2배 세기의 소리를 말한다.
④ 사람이 시끄럽고 큰 소리를 계속 듣게 되면 청력을 잃을 수도 있다.
⑤ 사람의 귀는 작은 소리에는 민감하게 반응하고, 큰 소리에는 둔하게 반응한다.

10 다음과 같은 장소에서 일반적으로 들을 수 있는 소리의 세기는? ［✏　　］

｜　사람으로 붐비는 도시의 번화가, 교통이 혼잡한 도로　｜

① 약 0데시벨　　　② 약 20데시벨　　　③ 약 40데시벨
④ 약 70데시벨　　　⑤ 약 120데시벨

1-3 뜻에 알맞은 어휘를 **보기** 에서 골라 쓰시오.

보기

| 이변 | 재해 | 수분 | 입자 | 통제 | 밀폐 |

1 [   ] : 예상하지 못한 일 또는 이상한 일

2 [   ] : 물질을 이루는 아주 작은 크기의 물체

3 [   ] : 일정한 방침이나 목적에 따라 행동하는 것을 막다.

4-5 어휘에 알맞은 뜻을 골라 선으로 이으시오.

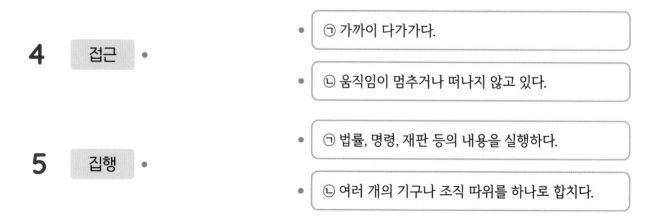

4 접근 •

• ㉠ 가까이 다가가다.

• ㉡ 움직임이 멈추거나 떠나지 않고 있다.

5 집행 •

• ㉠ 법률, 명령, 재판 등의 내용을 실행하다.

• ㉡ 여러 개의 기구나 조직 따위를 하나로 합치다.

6 밑줄 그은 어휘의 뜻으로 알맞은 것은? [ ]

이순신은 어려움을 <u>극복하고</u> 전투에서 승리하였다.

① 어렵지 않고 매우 쉽다.
② 어렵고 힘든 일을 이겨 내다.
③ 하려던 일을 도중에 그만두다.
④ 생각·체계·조직 등을 굳고 확실하게 세우다.
⑤ 자신이 좋아하는 것을 마음속으로 그리워하고 간절히 바라다.

7 어휘의 뜻으로 알맞지 <u>않은</u> 것은?　　　　　　　　　[✎　　]

① 용법: 사용하는 방법
② 생전: 살아 있는 동안
③ 다목적: 여러 가지 목적
④ 보편화: 다시 새롭게 짜다.
⑤ 가상: 사실이 아닌 것을 지어내어 사실처럼 생각하다.

8 괄호 안에 공통으로 들어갈 어휘로 알맞은 것은?　　　　[✎　　]

> • 비가 통 오지 않아 농작물 피해를 (　　　　　)하고 있다.
> • 날씨가 더워지는 여름철을 맞아 식중독 발생이 (　　　　　)된다.

① 출현　　　　　　　② 우려　　　　　　　③ 완화
④ 검토　　　　　　　⑤ 훼손

9 밑줄 그은 어휘가 문장에 어울리지 <u>않는</u> 것은?　　　　[✎　　]

① 사우디아라비아는 석유 <u>매장량</u>이 풍부하다.
② 훌륭한 전통문화는 계속해서 <u>전승해야</u> 한다.
③ 영하의 날씨가 계속되자 수도관이 <u>동결되었다</u>.
④ 성을 <u>함락하기</u> 위해 적군이 군사를 이끌고 왔다.
⑤ 수영복과 수영모를 <u>지속하고</u> 수영장에 입장하시오.

10-11 문장에 알맞은 어휘를 골라 ✔표를 하시오.

10 오늘 경기는 큰 문제없이 ☐ 원만하게 / ☐ 애매하게 진행되고 있다.

11 구매한 가구를 트럭에 실어 우리 집으로 ☐ 취급하였다. / ☐ 운반하였다.

12 뜻이 비슷한 어휘끼리 짝 지은 것은?　[✎　]

① 흡수, 방출　②　가열, 냉각　③ 저속, 고속
④ 후천적, 선천적　⑤ 수집하다, 모으다

13 밑줄 그은 어휘와 바꾸어 쓸 수 있는 것은?　[✎　]

> 동생과 나는 영화에 <u>몰입해서</u> 초인종이 울리는지도 몰랐다.

① 간파해서　② 간과해서　③ 집중해서
④ 짐작해서　⑤ 추측해서

14 뜻이 반대인 어휘끼리 짝 지은 것은?　[✎　]

① 민감, 둔감　② 가열, 데우다　③ 악화, 나빠지다
④ 가급적, 되도록　⑤ 눈여겨보다, 주목하다

15-17 괄호 안에 들어갈 알맞은 어휘를 골라 선으로 이으시오.

15　표준어는 모든 국민의 의사소통을 원활하게 하여 국민을 (　　　)하는 데 도움을 준다.　·　·　통합

16　식량 자원이 부족한 국가는 토양이 (　　　)하여 식량 자원이 풍부한 국가에서 농작물을 수입한다.　·　·　정지

17　기체 입자들은 서로 떨어진 채 골고루 퍼져 있으며, (　　　)해 있지 않고 끊임없이 <u>스스로</u> 움직이는 성질이 있다.　·　·　비옥

관용어 · 속담 · 한자 성어

18 밑줄 그은 관용어의 뜻으로 알맞은 것은?   [✎   ]

> 친구와 싸운 뒤로 서로 말을 하지 않아서 점점 골이 깊어져 갔다.

① 관계가 좋아지다.
② 나쁜 감정이 사라지다.
③ 서로 밀접한 관계가 되다.
④ 관계가 악화되거나 멀어지다.
⑤ 서로 위하는 마음이 깊어지다.

19 다음 속담을 사용할 수 있는 상황으로 알맞은 것은?   [✎   ]

> ### 하늘의 별 따기
>
> 하늘의 별을 따는 일은 많은 노력을 해도 해내기 어려운 것으로, 실현 가능성이 매우 낮은 상황을 의미한다. 따라서 속담 "하늘의 별따기"는 무엇을 얻거나 성취하기가 매우 어려운 경우를 뜻한다.

① 서로 양보하지 않아 싸우게 됐을 때
② 화분을 정성들여서 소중하게 키울 때
③ 요리를 잘하는 친구가 라면을 끓일 때
④ 인기가 많은 공연 관람권을 구하려고 할 때
⑤ 엄마에게 혼이 난 형이 동생에게 화풀이할 때

20 한자 성어 설명에서 괄호 안에 들어갈 어휘로 알맞은 것은?   [✎   ]

막역지우	
없다	막(莫)
거스르다	역(逆)
~의	지(之)
친구	우(友)

> 아주 친한 친구와 대화를 나누다 보면, 서로 어긋나지 않고 물 흐르듯이 통할 때가 있다. 이 한자 성어는 이처럼 서로 거스름이 없는 친구라는 뜻으로, 허물이 없이 아주 (   ) 친구를 말한다. '이 친구와 나는 아주 막역한 관계이다.'와 같이 '막역하다'라는 표현으로 사용하기도 한다.

① 먼
② 불편한
③ 친근한
④ 나쁜
⑤ 경쟁하는

1-2 어휘에 알맞은 뜻을 골라 선으로 이으시오.

1 약탈 •

- • ㉠ 목적한 바를 이루다.

- • ㉡ 폭력을 써서 남의 것을 억지로 빼앗다.

2 미개 •

- • ㉠ 생각하거나 계획한 대로 일을 해내다.

- • ㉡ 사회가 발전되지 않고 문화 수준이 낮다.

3 밑줄 그은 어휘의 뜻으로 알맞은 것은? [✎   ]

> 대회가 끝나고 최종 심사가 시작되었다.

① 자세하고 꼼꼼하다.
② 빌리거나 차지했던 것을 되돌려주다.
③ 범위, 규모, 세력 따위를 늘려서 넓히다.
④ 대조하여 자세히 살펴보거나 찾아보다.
⑤ 어떤 기준에 따라 자세히 조사하여 잘하고 못한 것을 가리다.

4-6 뜻에 알맞은 어휘를 보기 에서 골라 쓰시오.

> **보기**
>
> 정책   자격   기원   소원   상대적   절대적

4 [   ] : 서로 관계가 있는 다른 것과 비교되는 것

5 [   ] : 사물이 처음으로 생기다. 또는 생기게 된 원인

6 [   ] : 정치적인 목적을 이루거나 사회적인 문제를 해결하기 위한 방법이나 수단

7 어휘의 뜻으로 알맞지 <u>않은</u> 것은? [✎]

① 번화가: 상업 활동이 활발하고 화려한 도시의 거리

② 소속: 일정한 단체나 기관에 딸리다. 또는 그 딸린 곳

③ 정체성: 어떤 존재가 갖고 있는 변하지 않는 고유한 특성

④ 구애: 일이나 행동 따위를 하는데 방해가 되거나 자유롭게 할 수 없게 하다.

⑤ 추상적: 판단이나 추리 따위의 사유 작용을 거치지 않고 대상을 직접적으로 파악하는 것

8-9 문장에 알맞은 어휘를 골라 ✓표를 하시오.

8 ☐ 동결된
   ☐ 훼손된   문화재를 복원하기 위해 많은 인력이 투입되었다.

9 사고가 난 뒤 초반에   ☐ 조치를
              ☐ 집행을   잘해서 큰 부상을 입지 않았다.

---

10 밑줄 그은 어휘가 문장에 어울리지 <u>않는</u> 것은? [✎]

① 새학기가 되자 아이들이 <u>활발하게</u> 활동하였다.

② 우리 집에서 십분 <u>남짓</u> 걸어가면 학교에 도착한다.

③ 할머니 댁에서는 <u>전형적인</u> 농촌 모습을 볼 수 있다.

④ 이 노래는 동서양을 <u>막론하고</u> 전 세계적으로 인기를 얻었다.

⑤ 시에서 글쓴이는 주로 <u>압착된</u> 언어를 사용하여 생각을 표현한다.

---

11 괄호 안에 공통으로 들어갈 어휘로 알맞은 것은? [✎]

- 체육관은 전철역과 (   )해 있다.
- 학문이 발달하려면 (   ) 학문 간의 교류가 활발해야 한다.

① 간파   ② 비교   ③ 인접

④ 지속   ⑤ 작용

12-14 괄호 안에 들어갈 알맞은 어휘를 골라 선으로 이으시오.

12 우리나라에서는 '( ) 있는 사람들이 두루 쓰는 현대 서울말'을 표준어로 정해 놓았다. •

• 성립

13 오늘날에는 문화재가 더 이상 손상되지 않도록 보존하고, 훼손이 심한 경우에는 과학 기술로 ( ) 하고 있다. •

• 교양

14 아르키메데스는 원기둥과 그 원기둥 안에 들어간 원뿔과 구 사이에 특별한 관계가 ( )한다는 것도 발견하였다. •

• 복원

15 밑줄 그은 어휘와 뜻이 비슷한 것은? [✐]

그녀의 글에는 어린 시절의 행복했던 <u>정서</u>가 그대로 담겨 있다.

① 감정 ② 친서 ③ 고서
④ 정세 ⑤ 차별

16 뜻이 반대인 어휘끼리 짝 지은 것은? [✐]

① 결여, 부족 ② 동결, 중단 ③ 증가, 감소
④ 감시, 감독 ⑤ 인접, 근접

17 뜻이 비슷한 어휘끼리 짝 지은 것은? [✐]

① 실정, 실태 ② 정지, 진행 ③ 등장, 퇴장
④ 애매, 확실 ⑤ 머무르다, 떠나다

관용어 · 속담 · 한자 성어

18 다음 설명에 맞는 관용어로 알맞은 것은?　　　　　［✎　　］

> 이 관용어는 '오직 하나뿐이고 더 이상은 없다.'라는 뜻이다.
> → 예 내 동생은 내게 ＿＿＿＿＿＿ 친구와도 같다.

① 입이 닳다　　　　　　② 둘도 없다　　　　　　③ 손길을 뻗다
④ 발을 구르다　　　　　⑤ 천지가 진동하다

19 다음 속담에서 얻을 수 있는 교훈으로 알맞은 것은?　　　　　［✎　　］

> ### 개천에서 용 난다
>
> 　개천은 시내보다는 크지만 강보다는 작은 물줄기이다. 강도, 바다도 아닌 개천에서 신성한 동물로 여겨지는 용이 나오는 것은 흔하지 않은 일이다. 따라서 "개천에서 용 난다"라는 속담은 크게 내세울 만한 것이 없는 변변치 않은 환경에서 용과 같은 빼어난 인물이 나는 경우를 의미한다.

① 어렸을 때부터 좋은 습관을 들여야 한다.
② 기초를 튼튼하게 다져야 크게 될 수 있다.
③ 품은 뜻이 커야 포부나 생각도 크고 깊어진다.
④ 잘 아는 일이라도 신중하게 생각하고 행동해야 한다.
⑤ 환경이 어렵다고 포기하지 말고 노력하면 훌륭한 인물이 될 수 있다.

20 한자 성어 설명에서 괄호 안에 들어갈 어휘로 알맞은 것은?　　　　　［✎　　］

> | 발본색원 | 　문제가 생기면 문제가 발생한 원인을 찾아내는 것이 중요하다. 왜냐하면 원인이 사라져야 문제가 완전히 해결될 수 있기 때문이다. 이런 상황에 쓸 수 있는 한자성어가 '발본색원'이다. |
> |---|---|
> | 빼다　　　발(拔)
근본　　　본(本)
막다　　　색(塞)
원인　　　원(源) | 　이 한자 성어는 나무를 뿌리째 뽑고 물의 근원을 없앤다는 뜻으로, 좋지 않은 일의 근본 원인이 되는 요소를 완전히 (　　　　) 다시는 그러한 일이 생길 수 없도록 한다는 말이다. |

① 증가시켜서　　　　　② 발전시켜서　　　　　③ 적용하여서
④ 변형시켜서　　　　　⑤ 없애 버려서

memo

ⓦ 완자

공부력

정답과 해설

어휘

×

초등 전과목

6 B

5-6학년

visang

ABOVE IMAGINATION

우리는 남다른 상상과 혁신으로
교육 문화의 새로운 전형을 만들어
모든 이의 행복한 경험과 성장에 기여한다

완자

공부력

초등 전과목
어휘 6B

. . . .

정답과 해설

완자 공부력 가이드

완자 공부력 시리즈는
앞으로도 계속 출간될 예정입니다.

국어
맞춤법
바로 쓰기
1~2학년용
4책

쓰기력

전과목
어휘
1~6학년용
12책

전과목
한자
어휘
1~6학년용
12책

영어
파닉스
1~2학년용
2책

영어
영단어
3~6학년용
8책

어휘력

국어
독해
1~6학년용
12책

한국사
독해
인물편
3~6학년용
4책

한국사
독해
시대편
3~6학년용
4책

독해력

수학
계산
1~6학년용
12책

계산력

완자 공부력 시리즈로 공부 근육을 키워요!

매일 성장하는
초등 자기개발서

ⓦ 완자

공부력

학습의 기초가 되는 읽기, 쓰기, 셈하기와 관련된
공부력을 키워야 여러 교과를 터득하기 쉬워집니다.
또한 어휘력과 독해력, 쓰기력, 계산력을 바탕으로 한
'공부력'은 자기주도 학습으로 상당한 단계까지 올라갈 수
있는 밑바탕이 되어 줍니다. 그래서 매일 꾸준한 학습이
가능한 '**완자 공부력 시리즈**'로 공부하면 **자기주도 학습이**
가능한 튼튼한 공부 근육을 키울 수 있을 것이라 확신합니다.

효과적인 **공부력 강화 계획**을 세워요!

○ **학년별 공부 계획**
내 학년에 맞게 꾸준하게 공부 계획을 세워요!

		1-2학년	3-4학년	5-6학년
기본	독해	국어 독해 1A 1B 2A 2B	국어 독해 3A 3B 4A 4B	국어 독해 5A 5B 6A 6B
	계산	수학 계산 1A 1B 2A 2B	수학 계산 3A 3B 4A 4B	수학 계산 5A 5B 6A 6B
	어휘	전과목 어휘 1A 1B 2A 2B	전과목 어휘 3A 3B 4A 4B	전과목 어휘 5A 5B 6A 6B
		파닉스 1 2	영단어 3A 3B 4A 4B	영단어 5A 5B 6A 6B
확장	어휘	전과목 한자 어휘 1A 1B 2A 2B	전과목 한자 어휘 3A 3B 4A 4B	전과목 한자 어휘 5A 5B 6A 6B
	쓰기	맞춤법 바로 쓰기 1A 1B 2A 2B		
	독해		한국사 독해 인물편 1 2 3 4	
			한국사 독해 시대편 1 2 3 4	

○ 시기별 공부 계획

학기 중에는 **기본**, 방학 중에는 **기본 + 확장**으로 공부 계획을 세워요!

방학 중			
학기 중			
기본			**확장**
독해	계산	어휘	어휘, 쓰기, 독해
국어 독해	수학 계산	전과목 어휘 파닉스(1~2학년) 영단어(3~6학년)	전과목 한자 어휘 맞춤법 바로 쓰기(1~2학년) 한국사 독해(3~6학년)

예시 초1 학기 중 공부 계획표 주 5일 하루 3과목 (45분)

월	화	수	목	금
국어 독해	국어 독해	국어 독해	국어 독해	국어 독해
수학 계산	수학 계산	수학 계산	수학 계산	수학 계산
전과목 어휘	파닉스	전과목 어휘	전과목 어휘	파닉스

예시 초4 방학 중 공부 계획표 주 5일 하루 4과목 (60분)

월	화	수	목	금
국어 독해	국어 독해	국어 독해	국어 독해	국어 독해
수학 계산	수학 계산	수학 계산	수학 계산	수학 계산
전과목 어휘	영단어	전과목 어휘	전과목 어휘	영단어
한국사 독해 인물편	전과목 한자 어휘	한국사 독해 인물편	전과목 한자 어휘	한국사 독해 인물편

01 다른 문화, 어떻게 볼까

01 1 동경 2 미개

02 1 (비교되는| 보완되는) 2 (태어나기 전 | 태어난 뒤)

03 ③ 동경

04 1 후식 2 후배

05 1 (낮다 | 낳다 | 낮다) 2 (낮다 | 낳다 | 낮다) 3 (낮다 | 낳다 | 낮다)

06 ① 개천에서 용 난다

속담 '개천에서 용 난다'는 변변하지 못하고 어려운 집안에서 훌륭한 인물이 나왔을 때 쓰는 말이다.
② 몸집이 작은 사람이 큰 사람보다 재주가 뛰어나고 야무지다.
③ 아무리 재주가 뛰어나다 하더라도 그보다 더 뛰어난 사람이 있으니 자만하면 안 된다.
④ 자기 분수에 맞게 행동해야 한다.
⑤ 지위나 형편이 과거에 비하여 나아진 사람이 과거의 어려움을 기억하지 않고 자신이 원래부터 잘난 듯이 뽐내다.

07 ④ 고향을 떠나 산 지 십 년이 넘었지만 나의 마음은 늘 수구초심이다.

고향을 떠나 산 지 십 년이 넘었지만 늘 고향을 그리워하고 있다는 내용이 자연스러우므로 ④가 '수구초심'을 사용하기에 알맞다.
① 노심초사(勞心焦思): 몹시 마음을 쓰며 걱정하고 애를 태우다.
② 이심전심(以心傳心): 마음과 마음으로 서로 뜻이 통하다.
③ 절치부심(切齒腐心): 몹시 분하여 이를 갈며 속을 썩이다.
⑤ 견물생심(見物生心): 물건을 실제로 보면 가지고 싶은 욕심이 생긴다.

08 다른 문화의 고유한 가치를 존중하는 문화 상대주의

이 글은 각 문화의 고유한 가치를 이해하고 존중하는 문화 상대주의의 관점에서 다른 나라의 문화를 바라볼 것을 말하고 있다.

09 ⑤ 모든 국가에서 공통적으로 나타나는 생활 양식이 모여서 문화가 된다.

2문단에서 문화란 한 사회의 구성원들이 주어진 환경에 적응하면서 후천적으로 학습한 그 사회의 생활 양식이라고 했다.

10 1 ㄷ 2 ㄱ 3 ㄴ

1문단에 자문화 중심주의, 문화 사대주의, 2문단에 문화 상대주의에 대한 설명이 나와 있다.

02 이럴 땐 표준어, 저럴 땐 방언

본문 12-15쪽

01 1 (멀고 | (가깝고)) 2 (적은 | (폭넓은))

02 통합

03 ④ 곤란하다

04 1 일 2 의

05 1 추운 2 구운 3 새로운

06 ② 땅 짚고 헤엄치기

'땅 짚고 헤엄치기'라는 속담은 아주 쉬운 일을 뜻하는 말로, 밑줄 그은 부분과 뜻이 통한다.
① 자신이 한 나쁜 행동의 결과가 자신에게 나쁘게 돌아오다.
③ 거의 다 된 일을 어이없이 망쳐 버리다.
④ 실행하기 어려운 것을 헛되게 의논하다.
⑤ 자신이 저지른 잘못이 드러나자 엉뚱한 행동으로 이를 숨기려 하다.

07 ② 허물이 없이 아주 친한 친구

'막역지우(없다 莫, 거스르다 逆, ~의 之, 친구 友)'는 서로 거스름이 없는 친구라는 뜻으로, 허물이 없이 아주 친한 친구를 말한다.

08 표준어 와 방언의 뜻과 각각을 사용하면 좋은 상황

이 글은 표준어와 방언의 뜻과 특징을 설명하고, 표준어와 방언은 대화 상황이나 상대에 따라 적절히 사용해야 함을 알려 주고 있다. 각 말을 사용하기에 알맞은 상황을 구체적인 예를 들어 제시하고 있다.

09 ⑤ 표준어가 방언보다 수준이 높은 말이므로 되도록 표준어를 사용해야 한다.

표준어와 방언은 대화 상황이나 상대에 따라 적절히 선택하여 사용하는 것이 좋다고 했다.

10 1 ((표준어) | 방언) 2 (표준어 | (방언)) 3 ((표준어) | 방언)

1 , 3 방송 매체에서 보도할 때나 여러 지역 사람들이 모인 자리에서는 표준어를 사용한다.
2 특정 지역을 배경으로 하는 연극에서 대사를 할 때는 해당 지역 방언을 사용하는 것이 좋다.

01 **1** 재구성 **2** 다목적

02 수집

03 **1** （모으다） | 나누다 | 버리다   **2** 실시 | （실태） | 실험

04 **1** 다국적 **2** 다방면

05 **1** [닫고 （닫꼬）]   **2** [입구 （입꾸）]   **3** [다목적 （다목쩍）]

> **1** '닫고'는 '닫'의 받침 'ㄷ' 뒤에 'ㄱ'이 연결되므로 [닫꼬]로 발음한다.
> **2** '입구'는 '입'의 받침 'ㅂ' 뒤에 'ㄱ'이 연결되므로 [입꾸]로 발음한다.
> **3** '다목적'은 '목'의 받침 'ㄱ' 뒤에 'ㅈ'이 연결되므로 [다목쩍]으로 발음한다.

06 ② 티끌 모아 태산

> 속담 '티끌 모아 태산'은 아무리 작은 것이라도 모이고 모이면 나중에 큰 덩어리가 된다는 말로, 펜을 조금씩 사 모으다 보니 놀랄 정도로 펜이 많아진 대화의 상황과 어울린다.
> ① 넓은 세상을 알지 못하거나 보는 눈이 좁아서 자기만 잘난 줄 아는 사람
> ③ 사이가 긴밀해서 언제나 함께 다닌다.
> ④ 주된 것보다 그것에 딸린 것에 돈이나 노력 등이 더 많이 든다.
> ⑤ 실력이나 재물 등 가진 것이 없는 사람이 겉으로 더 떠들어 댄다.

07 ② 현실성이 없는 헛된 논의를 하다.

> '탁상공론'은 실제로 이루어질 가능성이 적은 헛된 이론이나 논의를 가리킬 때 사용한다.

08 ┊ 지리 정보 기술 ┊ 의 뜻과 활용

> 이 글은 지리 정보 기술의 뜻을 설명하고, 지리 정보 기술을 개인, 지방 자치 단체, 국가가 어떻게 활용하고 있는지 설명하고 있다.

09 ⑤ 장소나 지역에 대한 정보를 수집하여 재구성한다.

> 지리 정보 기술은 장소나 지역에 대한 지식과 정보를 수집해서 사람들이 생활에 편리하게 사용할 수 있도록 재구성하여 제공하는 기술이다.

10 ① 인터넷에서 개인의 정보를 보호할 때 사용한다.

> 지리 정보 기술은 장소나 지역에 관한 정보를 생활에 활용하는 기술로, 인터넷에서 개인의 정보를 보호하는 것과는 관련이 없다.

04 여름에 더 냄새나는 이유

본문 20-23쪽

01 **1** (여리고 (힘차고), (있다) 없다)　**2** ((멈추다) 더 바쁘게 움직이다)

02 입자

03 **1** ㉠　**2** ㉡

04 **1** 있다 ┃ 남다 ┃ (떠나다)　**2** 마비 ┃ 중지 ┃ (진행)

05 **1** ⌈ 서둘어 ⌋ 　**2** ⌈ 머물어 ⌋ 　**3** ⌈ 서툴어도 ⌋
　　　⌊ (서둘러) ⌋ 　　 ⌊ (머물러) ⌋ 　　 ⌊ (서툴러도) ⌋

　1 '서두르다'의 준말인 '서둘다'에는 '−어'가 붙지 못하므로 '서둘어'로 쓸 수 없고 '서둘러'라고 써야 한다.
　2 '머무르다'의 준말인 '머물다'에는 '−어'가 붙지 못하므로 '머물어'로 쓸 수 없고 '머물러'라고 써야 한다.
　3 '서투르다'의 준말인 '서툴다'에는 '−어'가 붙지 못하므로 '서툴어'로 쓸 수 없고 '서툴러'라고 써야 한다.

06 ② 손을 놓다

　'하던 일을 그만두거나 잠시 멈추다.'라는 뜻의 '손을 놓다'가 알맞다.
　① 힘이나 능력이 미치다.
　③ 어떠한 일에 필요한 조치를 취하다.
　④ 어떤 사람을 거쳐 가다. 또는 어떤 사람의 노력으로 손질되다.
　⑤ 도와 달라고 부탁하다. 또는 서로 다시 친해지려고 먼저 나서다.

07 ☑ 용감무쌍(勇敢無雙)

　밑줄 그은 부분에는 '적과 용감하게 싸우다.'와 비슷한 뜻의 한자 성어가 들어가야 한다. 따라서 '용기가 있으며 씩
　씩하고 기운이 넘치다.'라는 뜻의 '용감무쌍(용감하다 勇, 감히 敢, 없다 無, 쌍 雙)'이 들어가는 것이 알맞다.

08 기체 입자의 운동으로 일어나는 현상인 ┊ 확산 ┊

　이 글은 기체 입자가 확산하는 성질이 있고, 온도가 높을수록 확산이 잘 일어난다는 사실을 통해 겨울보다 여름에
　냄새가 더 심하게 나는 이유를 설명하고 있다.

09 ④ 젖은 빨래를 널면 빨래가 마르는 것

　확산은 기체 입자가 공기 중에서 스스로 움직여 퍼져 나가는 현상을 말하므로 젖은 빨래가 마르는 것과는 거리가
　멀다.

10 ① 온도가 높을수록 확산 속도가 빠르기 때문에

　이 글의 마지막 부분을 보면 기체 입자는 온도가 높을수록 활발하게 움직여 빠르게 확산되기 때문에 겨울보다 여름
　에 냄새가 더 심하게 난다고 했다.

05 위대한 숫자 '0'

01 ① 확립 ② 용법

02 ☑ 능력

03 ① ㉡ ② ㉠

04 ① 확고 ② 확신

05 ① 말로서 천 냥 빚을 갚는다고 한다.

> '말로서'에서 '말'은 자격이 아닌 천 냥 빚을 갚는 수단이나 도구가 된다. 따라서 '로서'가 아닌 '로써'를 사용해야 한다.

06 ① (가는데 | 가는 데)

② (아픈데 | 아픈 데)

③ (확립하는데 | 확립하는 데)

④ (알아보았는데 | 알아보았는 데)

> ① 집에 가는 '상황'을 말하고 있으므로 붙여 쓴다.
> ② 머리 아픈 '경우'에 먹는 약이라는 뜻이므로 띄어 쓴다.
> ③ 새로운 제도를 확립하는 '일'을 가리키므로 띄어 쓴다.
> ④ 내가 알아본 '상황'을 말하고 있으므로 붙여 쓴다.

07 ② 옳지 않은 원인을 모조리 없애다.

> '발본색원(빼다 拔, 근본 本, 막다 塞, 원인 源)'은 나무를 뿌리째 뽑고 물의 근원을 없앤다는 뜻으로, 좋지 않은 일의 근본 원인이 되는 요소를 완전히 없애 버려서 다시는 그러한 일이 생길 수 없도록 한다는 말이다.

08 ' 0 '의 기원과 ' 0 '의 사용 방법

> 이 글은 숫자 '0'이 사용되기 시작한 역사와 오늘날 '0'의 여러 가지 용법을 설명하고 있다.

09 ④ '0'은 1부터 9까지의 수보다 먼저 만들어졌다.

> 인도-아라비아 숫자는 처음에는 1에서 9까지 있다가 '0'은 나중에 생겼다.

10 ② '0시'는 하루의 시작인 아침을 뜻한다.

> 시계의 문자판은 1～12의 숫자로 되어 있기 때문에 시곗바늘은 12에서 시작된다. 요즈음에는 0～24로 시간 표현을 하기도 하는데, 이때 '0시'는 밤 12시를 뜻한다.

국어 문학

고전 소설을 알아봐요

본문 28-31쪽

01 **1** 없다 **2** 특징

02 **1** (물려주다) | 그만두다 | 사라지다 **2** (이기다) | 피하다 | 망치다

03 ☑ 충분한

04 **1** 전염 **2** 전설

05 **1** (내다 (가다)) **2** ((내다) 가다) **3** (내다 (가다)) **4** ((내다) 가다)

해설 **1** 꽃이 시드는 현상이 계속 진행되는 것이므로 '시들어 가다'가 알맞다.

2 스스로의 힘으로 고생을 이긴 것이므로 '이겨 내다'가 알맞다.

3 전통이 계속 진행된다는 뜻이므로 '이어 가다'가 알맞다.

4 스스로의 힘으로 페인트를 닦은 것이므로 '닦아 내다'가 알맞다.

06 **1** ㉢ **2** ㉡ **3** ㉠

07 ☑ 칠전팔기(七顚八起)

해설 '칠전팔기(일곱 七, 넘어지다 顚, 여덟 八, 일어나다 起)'는 일곱 번 넘어지고 여덟 번 일어난다는 뜻으로, 여러 번 실패하여도 굴하지 아니하고 꾸준히 노력함을 이른다. 이 말은 이모가 운전면허를 따기 위해 계속 노력한 모습과 관련 있다.

08 고전 소설 에 나타난 특징

해설 이 글은 고전 소설의 뜻을 밝히고, 고전 소설에 나타나는 여러 가지 특징을 설명하고 있다.

09 ④ 사건들이 시간 순서가 뒤바뀌어 전개된다.

해설 2문단을 보면 고전 소설에서 사건은 시간의 흐름에 따라 전개된다고 했다.

10 ② 전형적

해설 보기 는 「춘향전」의 등장인물인 '변학도'가 처음부터 끝까지 변하지 않고 사악하고 나쁜 탐관오리의 모습을 보여 준다는 내용이다. 변학도는 고전 소설 속 인물의 전형적인 특징을 나타낸다고 볼 수 있다.

11

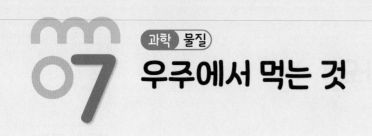

01 수분

02 얼어붙었다

03 **1** 가지다 | 떠나다 | 나르다   **2** 다루다 | 고치다 | 바꾸다

04 **1** 냉동   **2** 해동

05 **1** (날으는 | 나르는)   **2** (나는 | 날으는)   **3** (날아 | 날라)   **4** (날아 | 날라)

  1 물건을 옮긴다는 뜻의 '나르다'를 활용한 말인 '나르는'을 쓰는 것이 알맞다.
  2 공중에 떠서 움직인다는 뜻의 '날다'를 활용한 말인 '나는'을 쓰는 것이 알맞다.
  3 물건을 옮긴다는 뜻의 '나르다'를 활용한 말인 '날라'를 쓰는 것이 알맞다.
  4 공중에 떠서 움직인다는 뜻의 '날다'를 활용한 말인 '날아'를 쓰는 것이 알맞다.

06 **1** 얼어붙다   **2** 말라붙다   **3** 들러붙다

07 ⑤ 사람이나 물건을 기르거나 다루는 데 무척 소중히 정성을 들이다.

  '금이야 옥이야'는 무엇을 매우 사랑하고 소중히 생각하여 금이나 옥처럼 귀중히 여긴다는 말로, 사람이나 물건을 기르거나 다루는 데 무척 소중히 정성을 들인다는 뜻이다.

08 물질의 상태 변화를 이용한 [우주] 음식

  이 글은 우주 음식이 물질의 상태 변화라는 과학적 원리를 이용하여 만들어진다는 것을 설명하고 있다.

09 동결

  2문단에 우주 음식을 만드는 방법이 나와 있다. 우주 음식은 음식물을 동결한 뒤에 얼린 음식물에 있는 얼음을 수증기로 만든 후, 열을 더 가하여 수분을 모두 없애는 방법으로 만든다.

10 ③ 동결 건조하면서 영양소가 더 풍부해진다.

  2문단의 마지막 문장을 보면 동결 건조 방식은 다른 건조 방식보다 영양소가 덜 파괴된다고 하였다. 동결 건조 과정에서 영양소가 더 풍부해지는 것은 아니다.

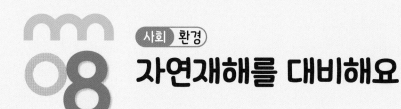

01 **1** 이변　**2** 악화

02 재해

03 완화되도록

04 **1** 난　**2** 충

05 **1** 유례　**2** 유래　**3** 유례　**4** 유래

06 ☑ 손을 잡다

> '손을 잡다'는 '서로 힘을 합쳐 함께 일하다.'라는 뜻으로 관계가 악화되는 상황과 뜻이 반대된다. '금이 가다'는 '서로의 사이가 벌어지거나 틀어지다.'라는 뜻이고, '골이 깊어지다'는 '관계가 악화되거나 멀어지다.'라는 뜻으로, 둘 다 관계가 악화되고 있다는 내용과 뜻이 통한다.

07 ④ 두 달 넘게 비가 내리는 <u>천재지변</u>으로 마을이 물에 잠겼다.

> ④는 두 달 넘게 비가 내리는 자연 현상 때문에 마을이 물에 잠겼다는 내용이므로 '천재지변'을 사용하기에 알맞다.
> ① 변화무쌍(變化無雙): 변화가 아주 심하다.
> ② 천하태평(天下泰平): 정치가 잘되어 온 세상이 평화롭다.
> ③ 청천벽력(靑天霹靂): 뜻밖에 일어난 큰 재앙이나 사고
> ⑤ 천고마비(天高馬肥): 하늘이 높고 푸르며 온갖 곡식이 익는 가을철

08 지구 곳곳에서 일어나는 ┃ 자연재해 ┃ 와 이에 대비하는 방법

> 이 글은 자연재해의 뜻과 지구 곳곳에서 자연재해로 발생하는 피해를 제시하고 있다. 또한 기상 이변으로 인한 자연재해가 늘고 있음을 밝히며, 자연재해의 피해를 줄이기 위한 노력의 필요성을 말하고 있다.

09 ⑤ 화석 연료 사용으로 인한 온실가스 증가

> 화석 연료 사용으로 증가한 온실가스는 기후 변화와 기상 이변을 일으키는 원인이며 인간의 활동으로 발생한 결과이다.

10 영희

> 이 글에서 제시한 자연재해를 대비하는 방법으로는 경보 시스템으로 자연재해를 예측하고 대비하기, 태풍이나 지진을 견딜 수 있게 건물 짓기, 환경을 보호하고 아끼는 자세 지니기가 있다.

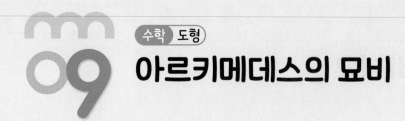
01 **1** (☐ 보호하여 지키면 | ☑ 공격하여 무너뜨리면)
2 (☑ 억지로 빼앗기 | ☐ 마음대로 나누기)

02 성립

03 생전

04 **1** 폭락   **2** 탈락

05 ① 챔피언 타이틀을 빼앗다. - 준 뺐다

> '빼앗다'의 준말은 '뺏다'로 받침이 'ㅅ'이다.

06 ☑ 두 손뼉이 맞아야 소리가 난다

> '나'는 학예 발표회에서 연극을 하고 싶지만 반 친구들의 호응이 없어 연극을 할 수 없을 것 같다고 했다. 따라서 밑줄 그은 부분에는 무슨 일이든 서로 뜻이 맞아야 이루기 쉽다는 뜻의 '두 손뼉이 맞아야 소리가 난다'가 들어가기에 알맞다.

07 ④ 공격하기가 어려워 쉽사리 함락되지 않는다.

> '난공불락(어렵다 難, 공격하다 攻, 아니다 不, 떨어지다 落)'은 ④의 뜻이다. 이 말은 대응하는 힘이 강해 어떤 일을 이루기가 아주 어려울 때, 또는 그런 대상을 가리킬 때 사용하는 표현이다.

08 아르키메데스의 발견과 그의 [묘비]에 관한 일화

> 이 글은 아르키메데스의 발견 중 원뿔의 부피와 구의 부피, 원기둥의 부피의 비율이 1:2:3이 된다는 발견을 나타낸 그림이 그의 묘비에 새겨진 이야기를 소개하고 있다.

09 ④ 아르키메데스가 만든 발명품

> 아르키메데스는 고대 그리스의 수학자이자 물리학자로, 물이 물체를 떠받드는 힘의 원리, 원주율 등의 발견을 했지만 그가 만든 발명품은 이 글에 나타나 있지 않다.

10 ☑ 사각형

> 아르키메데스를 존경했던 로마의 장군은 그를 위해 원기둥 안에 구와 원뿔이 들어간 그림을 그의 묘비에 새겨 주었다.

01 ❶ 방해　❷ 사실

02 ❶ ㉢　❷ ㉡　❸ ㉠　❹ ㉣

03 ⑤ 무심해서

04 ❶ 상상　❷ 예상

05 ❶ 빠져듦　❷ 다가감　❸ 몰려듦

06 ④ 콩으로 메주를 쑨다 해도 곧이듣지 않는다

> 💬 양치기 소년의 거짓말에 매번 속은 마을 사람들은 소년이 사실을 말해도 믿어 주지 않았다. '콩으로 메주를 쑨다 해도 곧이듣지 않는다'는 아무리 사실대로 말해도 믿지 않는다는 뜻이다.
> ① 무엇이든 바로 알려면 실제로 겪어 보아야 한다.
> ② 뜻밖에 좋은 물건을 얻거나 행운을 만나다.
> ③ 자기는 더 큰 잘못이나 결점이 있으면서 도리어 남의 작은 잘못을 흉본다.
> ⑤ 해 줄 사람은 생각지도 않는데 미리부터 다 된 일로 알고 행동한다.

07 ⑤ 형은 대학교에 합격한 뒤로 <u>자유분방</u>한 생활을 누렸다.

> 💬 대학교에 합격한 뒤에 자유롭게 행동했다는 것이 자연스러우므로 ⑤가 '자유분방'이 들어가기에 알맞다.
> ① 청출어람(靑出於藍): 제자나 후배가 스승보다 낫다.
> ② 오매불망(寤寐不忘): 자나 깨나 잊지 못하다.
> ③ 오리무중(五里霧中): 무슨 일에 대하여 방향이나 갈피를 잡을 수 없다.
> ④ 역지사지(易地思之): 처지를 바꾸어서 생각해 보다.

08 가상 현실과 ┊ 증강 현실 ┊의 특징과 활용

> 💬 이 글은 가상 현실과 증강 현실의 개념 및 특징을 설명하고, 두 기술이 다양한 분야에서 활용되고 있음을 이야기하고 있다.

09 ③ 컴퓨터로 만든 가상의 세계를 실제처럼 보이게 하는 기술이다.

> 💬 가상 현실은 현실이 아닌 가상의 세계를 실제처럼 보이게 하는 기술이다. 이는 특수 안경이나 장갑과 같은 별도의 장비를 착용하고 컴퓨터 프로그램을 실행해야 기술을 이용할 수 있다.

10 지연

> 💬 지진과 같은 재난에 대비하기 위한 교육을 할 때 가상 현실(VR)을 이용하면 영상 속에 들어가 있는 것 같은 생생한 느낌을 주어 교육 효과가 높을 것으로 예상할 수 있다.

11 역할과 역할의 충돌

본문 48-51쪽

01 ❶ 소속　❷ 성취

02 ❶ ㉠　❷ ㉡

03 ❶ 잃다 | (이루다) | 빼앗다　❷ 뽐내다 | 원하다 | (해내다)

04 ❶ 성과　❷ 완성

05 ❶ (딸려서 | (달려서))　❷ ((딸린) | 달린)　❸ (딸린다 | (달린다))

06 ① 하늘의 별 따기

> '하늘의 별 따기'는 무엇을 얻거나 성취하기가 매우 어려운 경우를 뜻하는 속담으로 콘서트 표 얻기가 엄청 어렵다는 내용과 뜻이 통한다.
> ② 자기에게 해가 돌아올 짓을 하다.
> ③ 어떤 성과를 거두려면 그에 상당한 노력과 준비가 있어야 한다.
> ④ 어떤 일을 이루기 위해서는 자신의 노력이 중요하다.
> ⑤ 아무리 어려운 경우에 처하더라도 살아 나갈 방법이 생긴다.

07 ③ 형은 직장을 그만둔 뒤로 누워서 <u>우공이산</u>하며 시간을 보냈다.

> 직장을 그만두고 누워서 시간을 보내는 것은 의지를 갖고 끊임없이 노력한다는 뜻의 '우공이산'과 거리가 멀다.

08 사회적 지위의 종류와 　역할 갈등　을 잘 해결하는 방법

> 이 대화는 사회적 지위의 종류를 밝히고, 사회적 지위에 따라 요구되는 행동인 역할 사이에서 갈등이 생길 때 그것을 잘 해결하는 방법을 제시하고 있다.

09 ① 딸

> ①은 태어나면서부터 갖는 귀속 지위이고, 나머지는 개인의 능력이나 노력으로 얻는 성취 지위이다.

10 ② 가, 라

> 역할 갈등을 바람직하게 해결하려면 갈등을 일으키는 지위와 역할이 무엇인지 그 원인을 먼저 파악하고, 어떠한 역할이 더 중요한지 우선순위를 정해 중요한 역할부터 차례대로 수행해야 한다.

12 물기가 마르면 왜 추울까

본문 52-55쪽

01 1 방출 2 흡수

02 ☑ 데우면

03 1 ㉠ 2 ㉡

04 1 열기 2 발열

05 1 (더하다가는 | (더 하다가는)) 2 ((더해서) | 더 해서) 3 ((더해) | 더 해)

06 ④ 봄이 되자 밭에 냉이를 캐러 오는 사람들이 많아졌다.

> ④ '냉이'는 봄에 나는 식물의 한 종류로, '차가운'이라는 뜻을 더하는 말인 '냉(冷)-'이 쓰이지 않았다.
> ① 냉커피: 얼음을 넣어 차게 만든 커피
> ② 냉방: 불을 피우지 않아 차게 된 방
> ③ 냉찜질: 차갑게 하는 찜질
> ⑤ 냉국: 차게 만들어 먹는 국

07 ① 이열치열(以熱治熱)

> '이열치열'은 '열은 열로써 다스린다.'라는 뜻으로, 무더운 날에 뜨거운 삼계탕을 먹자고 하는 대화의 상황과 어울린다.
> ② 어떤 한 면에서의 장점과 다른 한 면에서의 단점
> ③ 여러 사람의 말이 한입으로 말하는 것처럼 같다.
> ④ 변하지 않는 진실하고 굳은 마음
> ⑤ 마음과 마음으로 서로 뜻이 통하다.

08 물질의 상태 변화에 따른 [열에너지] 의 흡수와 방출

> 이 글은 물질의 상태가 변화하면서 열에너지를 흡수하거나 방출함에 따라 주변의 온도가 변화함을 설명하고 있다.

09 (고체 | 액체 | (기체))

> 물질은 고체에서 액체로, 액체에서 기체로 갈수록 더 많은 열에너지를 가지고 있다. 따라서 열에너지를 가장 많이 가진 상태는 기체 상태이다.

10 ④ 몸에 묻은 물이 말라 기체가 되면 몸의 열에너지를 흡수한다.

> 수영을 하다가 물 밖으로 나왔을 때 추위를 느끼는 이유는 몸에 묻은 물이 기체로 변하여 날아가면서 우리 몸의 열에너지를 흡수하기 때문이다.

13 비밀로 하는 말, 품위 없는 말

본문 56-59쪽

01 ① ((따지고 가려) 밝히거나 드러내어)   ② (높고 점잖다 | (낮고 천하다))

02 정체성

03 ② 되도록

04 ① 저음   ② 고저

05 ① [(방법대로) / 방법 대로]   ② [있는대로 / (있는 대로)]

06 ④ 말이란 아 해 다르고 어 해 다르다

말이란 아 해 다르고 어 해 다르다'라는 속담은 같은 내용이라도 표현하는 데 따라서 아주 다르게 들린다는 뜻으로 제시된 상황에 어울린다.
① 말이 많으면 하지 않아도 좋을 말을 많이 하게 되므로 그 결과가 좋지 못하다.
② 마음속으로만 애태울 것이 아니라 시원스럽게 말을 해야 한다.
③ 하지 않아도 될 말을 이것저것 많이 늘어놓으면 그만큼 쓸 말은 적어진다.
⑤ 마땅히 할 말은 해야 한다.

07 ④ 이 한옥 마을은 관광 명소여서 불철주야 사람들이 찾아온다.

'불철주야'는 어떤 일에 몰두하느라 조금도 쉬지 않는 모습을 가리키므로 ④는 '불철주야'의 뜻과 관련이 없다. ④ 는 찾아오는 사람이 많음을 이르는 말인 '문전성시(門前成市)'가 어울린다.

08 은어와 ┊ 속어 ┊ 의 뜻과 이를 사용할 때의 장단점

이 글은 은어와 속어의 뜻을 설명하고 각각의 장단점을 제시한 후, 은어와 속어를 가급적 고운 말로 고쳐 쓰자고 말하고 있다.

09 ③ 사회에서 널리 사용되는 말이다.

은어는 어떤 집단에 속한 사람들이 자기들끼리만 비밀스럽게 사용하는 말이다.

10 ③ 은어와 속어를 고운 말로 고쳐 사용하자.

이 글의 마지막 문장에 글쓴이가 말하고자 하는 내용이 나와 있다. 은어와 속어는 가급적 고운 말로 고쳐 쓰자고 말하고 있다.

14 국회는 어떤 일을 할까

본문 60-63쪽

01 1 (실행하다) 조사하다)   2 (대강 (자세히))

02 정책

03 1 ㉠   2 ㉠

04 1 검사   2 검진   3 검색

05 1 (못한다) 못 한다)   2 (못했다 (못 했다))   3 (못하는) 못 하는)

> 1 노래를 일정한 수준에 못 미치게 한다는 뜻이므로 '못하다'가 알맞다.
> 2 딴생각을 하느라 질문에 대답을 할 수 없었다는 뜻이므로 '못 하다'가 알맞다.
> 3 공부를 일정한 수준에 못 미치게 한다는 뜻이므로 '못하다'가 알맞다.

06 ② 형은 입학식 때 <u>재학생</u> 대표로 인사를 했다.

> '재학생(在學生)'은 '현재 학교에 다니며 공부하고 있는 학생'이라는 뜻으로, 보기 의 '재(再)-'가 아닌 '있다'라는 뜻의 '재(在)'가 쓰였다.
> ① 재작년(再昨年): 지난해의 바로 전 해, 즉 2년 전
> ③ 재시험(再試驗): 두 번 시험을 치다. 또는 첫 시험에서 일정한 수준에 이르지 못한 사람에게 다시 시험을 보게 하다.
> ④ 재활용(再活用): 쓰고 버리는 물건을 다른 데에 다시 사용하거나 사용할 수 있게 하다.
> ⑤ 재검토(再檢討): 한 번 검토한 것을 다시 검토하다.

07 ④ 지피지기(知彼知己)

> '지피지기면 백전불태'라는 말은 상대를 알고 자신을 알면 백 번 싸워도 위태롭지 않다는 말이다.
> ① 이날 저 날 하고 자꾸 기한을 미루는 모양
> ② 옛것을 익히고 그것을 미루어서 새것을 알다.
> ③ 하나를 듣고 열 가지를 미루어 알다.
> ⑤ 매우 느려서 일 따위가 잘 진행되지 않다.

08 국회 에서 하는 일

> 이 글은 국회가 어떻게 구성되는지, 국회에서 하는 일은 무엇인지 설명하고 있다.

09 ④ 국회 의원

> 국회 의원은 국민의 선거로 4년마다 뽑히는 국민의 대표이며, 국회를 구성하고 있다.

10 ⑤ 국민들 간에 다툼이 생겼을 때 법에 따라 재판을 한다.

> 국회가 국민들 간에 다툼이 생겼을 때 법에 따라 재판을 한다는 내용은 나와 있지 않다. 법에 따라 재판을 하는 것은 법원에서 하는 일이다.

01 ③ 간파하기

02 1 (주목하다) | 주도하다 | 준비하다   2 감추다 | 도망가다 | (등장하다)

03 남짓

04 1 현장   2 재현

05 1 약   2 남짓   3 정도

06 ☑ 눈독을 들이다

> 첫 번째 문장은 '강아지가 주인이 먹다 남긴 고구마가 먹고 싶어서 눈여겨보다.', 두 번째 문장은 '용돈을 모아 1년 동안 갖고 싶어서 눈여겨보던 게임기를 장만하다.'라는 흐름이 자연스럽다. 따라서 밑줄 그은 부분에는 '눈독을 들이다'가 들어가는 것이 알맞다.

07 ④ 움직임을 쉽게 알 수 없을 만큼 자유롭게 나타나고 사라지다.

> '신출귀몰(귀신 神, 나다 出, 귀신 鬼, 숨다 沒)'은 귀신같이 나타났다가 사라진다는 뜻으로, 그 움직임을 쉽게 알 수 없을 만큼 자유롭고 거침없이 나타나고 사라진다는 뜻이다. 홍길동처럼 동에 번쩍 서에 번쩍 출현하여 어떤 곳에 있는지 쉽게 알 수 없는 사람을 두고 사용한다.

08 매미의 생애와 매미의 [출현] 주기에 담긴 지혜

> 1문단에서는 매미의 생애를 설명하고 있고, 2문단에서는 매미의 출현 주기에 담긴 매미의 생존 지혜에 대한 내용을 설명하고 있다.

09 ⑤ 다 자란 매미는 2주 조금 넘는 기간밖에 살지 못한다.

> 성충이 된 매미는 세상에 나와 2주 남짓한 짧은 기간 동안 마음껏 울다가 죽는다고 했다.
> ① 매미는 여름에 짝짓기를 하여 알을 낳는다.
> ② 매미는 여름을 알리는 대표적인 곤충이다.
> ③ 매미는 번데기 과정 없이 알과 애벌레의 단계만 거쳐 성충이 된다.
> ④ 오늘날 지구에는 3,000여 종의 매미가 살고 있다.

10 ① 천적을 피해 종족을 보존하려고

> 매미의 출현 주기가 3, 5, 7, 13, 17년과 같이 소수인 것은 천적과 만날 가능성을 줄여 종족을 보존하기 위해서이다.

16 생활을 편리하게 하는 수학

수학 통계

01 접근

02 ☑ 방치했다

03 **1** 엉성하다 | (치밀하다) | 조잡하다   **2** (확실하다) | 대중없다 | 흐릿하다

04 **1** 근처   **2** 최근

05 **1** [(도와주었다) / 도와 주었다]   **2** [자신없게 / (자신 없게)]   **3** [(다가가) / 다가 가]

> **1** '도와주다'는 '돕다＋주다'가 합쳐진 한 단어이므로 붙여 쓴다.
> **2** '자신 없다/자신 있다'는 한 단어가 아니므로 띄어 쓴다.
> **3** '다가가다'는 '다그다＋가다'가 합쳐진 한 단어이므로 붙여 쓴다.

06 ⑤ 종로에서 뺨 맞고 한강에 가서 눈 흘긴다

> ⑤는 어떤 일을 당한 사람이 분하고 섭섭한 마음을 애매한 다른 데로 옮겨 화풀이하는 경우를 가리키는 말로 이 상황에 어울린다.
> ① 세상의 일이 한껏 잘될 때가 있으면 안될 때도 있다.
> ② 일부만 보고 전체를 짐작하여 안다.
> ③ 어떤 일이든 한 가지 일을 끝까지 해야 성공할 수 있다.
> ④ 꺼리고 싫어하는 대상을 피할 수 없는 곳에서 공교롭게 만나다.

07 ⑤ 미술관에 머무는 시간이 많지 않아 눈에 띄는 작품만 _____으로 감상했다.

> '주마간산'은 대충대충 본다는 뜻이므로 ⑤의 문장에 어울린다.

08 [퍼지 이론]의 뜻과 실생활에서 이용되는 예

> 이 글은 퍼지 이론이 무엇인지, 이것이 우리 생활에서 어떻게 이용되고 있는지 설명하고 있다.

09 ④ 퍼지 이론은 컴퓨터가 인간보다 세밀한 판단을 할 수 있다는 것을 보여 준다.

> 퍼지 이론은 오늘날 인공 지능 기술에도 이용되고 있지만, 컴퓨터가 인간보다 세밀한 판단을 할 수 있다는 것을 보여 주는 것은 아니다.

10 **1** 정지   **2** 온도

> 2문단에서 퍼지 이론이 실생활에서 이용되는 예로 지하철과 전기밥솥을 들어 설명하고 있다.

17 문화재 다시 살리기

본문 72-75쪽

01 ❶ 훼손   ❷ 조치

02 ❶ (☑ 복원하기 | ☐ 보관하기)   ❷ (☐ 계획 | ☑ 조치)

03 밀폐

04 ❶ 폐쇄   ❷ 폐업

05 ❶ (세다 | 새다)   ❷ (세다 | 새다)   ❸ (세다 | 새다)

> ❶ 세다: 행동하거나 밀고 나가는 기세 따위가 강하다.
> ❷ 세다: 물, 불, 바람 따위의 기세가 크거나 빠르다.
> ❸ 새다: 기체, 액체 따위가 틈이나 구멍으로 조금씩 빠져 나가거나 나오다.

06 ❶ 신곡   ❷ 방학 동안

> ❶ '신곡(新曲)'은 '새로 지은 곡'이라는 뜻으로 앞에 나온 '새로'와 뜻이 중복된다.
> ❷ '기간(其間)'은 '어느 때부터 다른 어느 때까지의 동안'이라는 뜻으로 뒤에 나오는 '동안'과 뜻이 중복된다.

07 ① 손이 묶인 듯 '속수무책(束手無策)'이었구나.

> '속수무책'은 '손을 묶은 것처럼 어찌할 방법이 없어 꼼짝 못 하다.'라는 뜻으로, 도로에서 차가 막히면 아무 조치도 할 수 없다는 내용과 뜻이 통한다.
> ② 작은 일을 크게 불리어 떠벌리다.
> ③ 사방으로 이리저리 몹시 바쁘게 돌아다니다.
> ④ 경솔하고 조심성이 없게 행동하다.
> ⑤ 사물이 매우 위험한 처지에 놓여 있다.

08 손상되거나 훼손된 문화재 의 보존과 복원 방법

> 이 글은 문화재의 가치에 대해 설명하고, 문화재가 더 이상 손상되거나 훼손되지 않도록 보존하는 방법과 심하게 훼손되었을 경우 복원하는 방법에 대해서 설명하고 있다.

09 ③ 언제 어디서든 흔하게 볼 수 있다.

> 문화재는 어디서든 볼 수 있는 물건들과 달리 세상에 단 하나뿐인 존재이므로 보호하고 보존해야 한다.

10 은아

> 특별히 손상이 잘 되는 문화재는 밀폐된 공간에서 안전하게 보존해야 하고, 나무로 만들어진 문화재는 곰팡이가 피지 않도록 온도와 습도를 적당하게 조절해야 한다.

01 추상적

02 (좁게 (널리))

03 ☑ 감정

04 ㉡

05 1 대중화   2 생활화   3 세계화

06 1 ㉡   2 ㉠   3 ㉢

07 ☑ 일언반구(一言半句)

💬 '재호는 아무리 친구들이 질문을 해도 한 마디 말도 하지 않았다.', '오빠가 나에게 한 마디 말도 없이 간식을 다 먹어서 기분이 몹시 상했다.'로 쓰는 것이 자연스러우므로 밑줄 그은 부분에 공통으로 들어갈 한자 성어는 '일언반구 (하나 一, 말씀 言, 반 半, 구절 句)이다.

• '일구이언'은 한 입으로 두 말을 한다는 뜻으로, 말을 이랬다저랬다 하는 경우에 사용한다. 예를 들어 '그는 일구 이언을 수시로 하여 아무도 그를 믿지 않게 되었다.'와 같이 쓴다.

• '감언이설'은 달콤한 말과 이로운 말이라는 뜻으로, 듣기 좋은 말과 이로운 조건을 내세워 꾀어내는 경우에 사용 한다. 예를 들어 '그는 친구의 감언이설에 넘어가 큰돈을 빌려주었다.'와 같이 쓴다.

08 ┌ 상징 ┐ 의 뜻과 종류

💬 이 글은 1문단에서 네잎클로버를 예로 들어 상징의 뜻을 설명하고, 2문단에서 상징의 세 가지 종류를 설명하고 있다.

09 ③ 상징은 구체적인 대상을 추상적인 대상으로 표현하는 방법이다.

💬 상징은 추상적인 대상을 구체적인 대상으로 표현하는 방법이다.

10 ㉡

💬 동양에서 '소나무'가 '지조'를 상징하는 것은 특정 사회에서 오랫동안 사용되면서 그 의미가 보편화된 상징이다.

19 소리 없는 자원 전쟁

본문 80-83쪽

01 ④ 매장량

02 (적게 | **많이**)

03 ① (☐ 멀리 | ☑ 이웃해 | ☐ 떨어져)   ② (☐ 기대하여 | ☐ 안심하여 | ☑ 걱정하여)

04 ① 우울   ② 우환

05 ① (무친 | **묻힌**)   ② (**무쳤다** | 묻혔다)   ③ (무쳐 | **묻혀**)

06 ① 구름양   ② 운동량   ③ 에너지양

> ① '구름'은 고유어이므로 뒤에 '양'을 붙여 '구름양'이라고 쓴다.
> ② '운동(運動)'은 한자어이므로 뒤에 '량'을 붙여 '운동량'이라고 쓴다.
> ③ '에너지(energy)'는 외래어이므로 뒤에 '양'을 붙여 '에너지양'이라고 쓴다.

07 ④ 가지 많은 나무에 바람 잘 날이 없다

> ④는 가지가 많고 잎이 많은 나무는 살랑거리는 바람에도 잎이 흔들려서 잠시도 조용할 날이 없다는 뜻으로, 자식을 많이 둔 부모에게는 근심, 걱정이 끊일 날이 없다는 말이다.
> ① 아무리 익숙하고 잘하는 사람이라도 간혹 실수할 때가 있다.
> ② 어떤 일의 부분만 보고 전체를 보지 못한다.
> ③ 아무리 굳은 마음을 가지고 있어도 여러 번 뜻을 바꾸도록 말하면 마음이 변한다.
> ⑤ 크게 될 사람은 어릴 때부터 남다르다.

08 자원 을 둘러싸고 발생하는 국가 간 갈등

> 이 글은 석유, 식량과 같은 자원을 두고 국가 간 갈등이 발생하는 원인을 설명하고 있다.

09 석유

> 석유 자원은 전 세계에서 가장 많이 소비하는 자원이며, 매장량이 주로 서남아시아 지역에 집중되어 있어 국가 간 경쟁이 치열하다고 했다.

10 ③ 모든 자원의 가격을 국제단체에서 정하기 때문에

> 자원을 둘러싼 국가 간 갈등이 발생하는 원인은 자원의 소비는 늘어나는 데 반해 자원의 매장량은 한정되어 있고, 자원이 일부 지역에만 집중하여 매장되어 있기 때문이다. 게다가 자원을 보유한 일부 국가들이 자기 나라의 이익만을 생각하여 자원을 무기처럼 이용하는 문제도 있다.

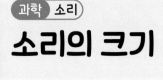

20 소리의 크기

본문 84-87쪽

01 **1** 변화가 **2** 증가

02 (계속) | 약속 | 소속   차지 | 연장 | (중단)

03 **1** ☑ 감소해서 **2** ☑ 둔감하게

04 **1** 급증 **2** 증진

05 ④ 기호는 집에 오면 제일 먼저 손발을 <u>깨끗히</u> 씻는다.

> 어휘 뒤에 '-하다'를 붙일 수 있는 말은 '-히'로 쓴다. 단, 어휘 뒤에 '-하다'가 붙을 수 있는 말이더라도 받침이 'ㅅ'으로 끝날 때에는 '-이'로 쓴다.

06 ② 꼬리가 길면 밟힌다

> ②는 비밀스러운 일이나 나쁜 일을 아무리 남모르게 한다고 해도 오래 두고 여러 번 계속하면 결국에는 들키고 만다는 뜻이다.
> ① 속으로는 해칠 마음을 품고 있으면서, 겉으로는 생각해 주는 척하다.
> ③ 실속 없는 사람이 겉으로 더 떠들어 댄다.
> ④ 잘되리라고 믿고 있던 일이 어긋나거나 믿고 있던 사람이 배신하여 오히려 해를 입다.
> ⑤ 제 것으로 만들지 못할 바에야 남도 갖지 못하게 못쓰게 만들자는 뒤틀린 마음

07 ① 다다익선(多多益善)

> '다다익선(많다 多, 많다 多, 더하다 益, 좋다 善)'은 많으면 많을수록 좋다는 뜻이다.
> ② 죽을 고비를 여러 차례 넘기고 겨우 살아나다.
> ③ 더 낫고 더 못함의 차이가 거의 없다.
> ④ 여러 가지 일도 많고 어려움이나 탈도 많다.
> ⑤ 크게 될 사람은 늦게 이루어진다.

08 사람이 소리를 듣는 원리와 소리의 ┆ 크기 ┆ 를 나타내는 단위

> 이 글은 소리가 공기의 진동을 통해 전달되어 사람이 소리를 듣게 된다는 것과 소리의 크기를 나타내는 단위인 데시벨(dB)에 대해 설명하고 있다.

09 ③ 20데시벨의 소리는 10데시벨의 2배 세기의 소리를 말한다.

> 2문단을 보면 20데시벨은 10데시벨의 2배 세기가 아니라 10배 세기의 소리라고 했다.

10 ④ 약 70데시벨

> 번화가의 교통 소음은 약 70데시벨로, 이것은 조용한 도서관에서 나는 소리인 40데시벨보다 1,000배만큼 큰 소리라고 했다.

실력 확인 1회

1 이변

2 입자

3 통제

4 ㉠

💬 ㉡은 '머무르다'의 뜻이다.

5 ㉠

💬 ㉡은 '통합'의 뜻이다.

6 ② 어렵고 힘든 일을 이겨 내다.

💬 ①은 '용이하다'의 뜻이다.　　　　　　　③은 '포기하다'의 뜻이다.
　　④는 '확립하다'의 뜻이다.　　　　　　　⑤는 '동경하다'의 뜻이다.

7 ④ 보편화: 다시 새롭게 짜다.

💬 ④는 '재구성'의 뜻이다. '보편화'는 '사회에 널리 퍼지다. 또는 그렇게 되게 하다.'라는 뜻이다.

8 ② 우려

💬 첫 번째 문장은 농작물 피해를, 두 번째 문장은 식중독 발생을 걱정하고 있는 내용이므로 괄호 안에는 '근심하거나 걱정하다.'라는 뜻의 '우려'가 들어가는 것이 알맞다.
① '출현'은 '나타나거나 또는 나타나서 보이다.'라는 뜻이다.
③ '완화'는 '매우 급하거나 긴장된 상태를 느슨하게 하다.'라는 뜻이다.
④ '검토'는 '어떤 사실이나 의견의 내용을 자세히 따져보다.'라는 뜻이다.
⑤ '훼손'은 '헐거나 깨뜨려 못쓰게 만들다.'라는 뜻이다.

9 ⑤ 수영복과 수영모를 지속하고 수영장에 입장하시오.

💬 '지속'은 '어떤 상태를 오래 계속하다.'라는 뜻으로 ⑤의 문장에 어울리지 않는다. ⑤에는 '옷, 모자, 신발, 액세서리 따위를 입거나, 쓰거나, 신거나, 차거나 하다.'라는 뜻의 '착용'이 어울린다.
① '매장량'은 '석유나 가스와 같은 지하자원이 땅속에 묻혀있는 양'이라는 뜻이다.
② '전승'은 '이전의 문화·풍속·제도 등을 물려받아 이어가다.'라는 뜻이다.
③ '동결'은 '온도가 낮아서 얼어붙다. 또는 온도를 낮추어 얼어붙게 하다.'라는 뜻이다.
④ '함락'은 '적의성, 도시, 군사시설 따위를 공격하여 무너뜨리다.'라는 뜻이다.

10 ☑ 원만하게

💬 '원만하다'는 '일의 진행이 아무 탈이나 말썽 없이 예정대로 잘 되어 가는 상태에 있다.', '애매하다'는 '희미하여 분명하지 아니하다.'라는 뜻이다.

11 ☑ 운반하였다.

💬 '운반하다'은 '물건 따위를 옮겨 나르다.', '취급하다'는 '물건이나 일을 처리하거나 다루다.'라는 뜻이다.

12 ⑤ 수집하다, 모으다

💬 '수집하다'는 '취미나 연구를 위하여 어떤 물건이나 자료 따위를 찾아서 모으다.'라는 뜻이므로, '모으다'와 뜻이 비슷하다. ①, ②, ③, ④는 뜻이 반대인 어휘끼리 짝 지은 것이다.

13 ③ 집중해서

💬 '몰입하다'는 '어떤 일에 깊이 파고들거나 빠지다.'라는 뜻으로, '집중, 열중, 몰두' 등으로 바꾸어 쓸 수 있다.
① '간파하다'는 '겉으로 드러나지 않은 점을 꿰뚫어 알아차리다.'라는 뜻이다.
② '간과하다'는 '큰 관심 없이 대강 보아 넘기다.'라는 뜻이다.
④ '짐작하다'는 '사정이나 형편 따위를 어림잡아 헤아리다.'라는 뜻이다.
⑤ '추측하다'는 '미루어 생각하여 헤아리다.'라는 뜻이다.

14 ① 민감, 둔감

💬 '민감'은 '자극에 빠르게 반응을 보이거나 쉽게 영향을 받다.'라는 뜻이고, '둔감'은 '감정이나 감각이 무디다.'라는 뜻이므로 두 어휘의 뜻은 반대이다. ②, ③, ④, ⑤는 뜻이 비슷한 어휘끼리 짝 지은 것이다.

15 통합

💬 '통합'은 '여러 개의 기구나 조직 따위를 하나로 합치다.'라는 뜻이다.

16 비옥

💬 '비옥'은 '흙에 식물이 잘 자랄 수 있게 하는 성분이 많이 들어 있다.'라는 뜻이다.

17 정지

💬 '정지'는 '움직이고 있던 것이 멈추다.'라는 뜻이다.

18 ④ 관계가 악화되거나 멀어지다.

💬 '골'은 '산과 산 사이에 움푹 패어 들어간 곳'을 뜻한다. '골이 깊어지다'는 관계가 악화되거나 멀어질 때 사용하는 말이다.

19 ④ 인기가 많은 공연 관람권을 구하려고 할 때

💬 하늘의 별을 따는 일은 많은 노력을 해도 해내기 어려운 것으로, 실현 가능성이 매우 낮은 상황을 의미한다. 따라서 속담 "하늘의 별 따기"는 무엇을 얻거나 성취하기가 매우 어려운 경우를 뜻한다.

20 ③ 친근한

실력 확인 2회

1 ㉡

㉠은 '성취'의 뜻이다.

2 ㉡

㉠은 '수행'의 뜻이다.

3 ⑤ 어떤 기준에 따라 자세히 조사하여 잘하고 못한 것을 가리다.

① '세밀하다'의 뜻이다.
② '반환하다'의 뜻이다.
③ '확장하다'의 뜻이다.
④ '조사하다'의 뜻이다.

4 상대적

5 기원

6 정책

7 ⑤ 추상적: 판단이나 추리 따위의 사유 작용을 거치지 않고 대상을 직접적으로 파악하는 것

⑤는 '직관적'의 뜻이다. '추상적'은 '직접 경험하거나 깨달을 수 있는 어떤 형태와 성질을 갖추고 있지 않은 것'이라는 뜻이다.

8 ☑ 훼손된

'훼손'은 '헐거나 깨뜨려 못 쓰게 만들다.', '동결'은 '온도가 낮아서 얼어붙다. 또는 온도를 낮추어 얼어붙게 하다.'라는 뜻이다.

9 ☑ 조치를

'조치'는 '벌어진 일의 상태를 잘 살펴서 필요한 대책을 세워 행하다.', '집행'은 '법률, 명령, 재판 등의 내용을 실행하다.'라는 뜻이다.

10 ⑤ 시에서 글쓴이는 주로 <u>압착된</u> 언어를 사용하여 생각을 표현한다.

'압착'은 '눌러서 짜내거나 압력을 가하여 물질의 밀도를 높인다.'라는 뜻으로 ⑤의 문장에 어울리지 않는다. ⑤에는 '글이나 내용, 문장 따위를 줄여 짧게 하다.'라는 뜻의 '압축'이 어울린다.

11 ③ 인접

'인접'은 '이웃하여 있거나 옆에 닿아 있다.'라는 뜻이다.
① '간파'는 '겉으로 드러나지 않은 점을 꿰뚫어 알아차리다.'라는 뜻이다.
② '비교'는 '둘 이상의 사물을 견주어 서로 간의 유사점, 차이점을 확인하다.'라는 뜻이다.
④ '지속'은 '어떤 상태가 오래 계속됨'이라는 뜻이다.
⑤ '착용'은 '옷, 신발, 모자 등을 입거나, 신거나, 씀'이라는 뜻이다.

12 교양

'교양'은 '학문, 지식, 사회생활을 바탕으로 이루어지는 품위 또는 문화에 대한 폭넓은 지식'이라는 뜻이다.

13 복원

'복원'은 '원래의 상태나 모습으로 돌아가게 하다.'라는 뜻이다.

14 성립

'성립'은 '일이나 관계 따위가 제대로 이루어지다.'라는 뜻이다.

15 ① 감정

'정서'는 '사람의 마음에 일어나는 여러 가지 감정 또는 감정을 불러일으키는 기분이나 분위기'라는 뜻이다.

16 ③ 증가, 감소

'증가'는 '양이나 수가 늘어나거나 많아지다.'라는 뜻이고, '감소'는 '양이나 수치가 줄다. 또는 양이나 수치를 줄이다.'라는 뜻이므로 두 어휘의 뜻은 반대이다. ①, ②, ④, ⑤는 뜻이 비슷한 어휘끼리 짝 지은 것이다.

17 ① 실정, 실태

'실정'은 '어떤 일의 실제 사정이나 형편'이라는 뜻이고, '실태'는 '있는 그대로의 상태. 또는 실제의 모양'이라는 뜻이므로 두 어휘의 뜻은 비슷하다. ②, ③, ④, ⑤는 뜻이 반대인 어휘끼리 짝 지은 것이다.

18 ② 둘도 없다

'둘도 없다'는 '오직 하나뿐이고 더 이상은 없다.'라는 뜻이므로, 친구와도 같은 동생의 존재를 설명하기에 알맞다.
① '다른 사람이나 물건에 대하여 거듭해서 말하다.'라는 뜻이다.
③ '적극적인 도움, 요구, 침략, 간섭 따위의 행위가 미치다.'라는 뜻이다.
④ '매우 안타까워하거나 다급해하다.'라는 뜻이다.
⑤ '소리가 매우 크다.'라는 뜻이다.

19 ⑤ 환경이 어렵다고 포기하지 말고 노력하면 훌륭한 인물이 될 수 있다.

20 ⑤ 없애 버려서

속담·한자 성어 깊이 알기

개천에서 용 난다
—
본문 10쪽

개천은 시내보다는 크지만 강보다는 작은 물줄기입니다. 강도, 바다도 아닌 개천에서 신성한 동물로 여겨지는 용이 나오는 것은 흔하지 않은 일입니다. "개천에서 용 난다"라는 속담은 크게 내세울 만한 것이 없는 변변치 않은 환경에서 용과 같은 빼어난 인물이 나는 경우를 이르는 말입니다. 같은 뜻을 지닌 속담으로는 "개똥밭에 인물 난다", "누더기 속에서 영웅 난다" 등이 있습니다. 이 속담은 환경이 어렵다고 포기하지 말고 노력하면 훌륭한 인물이 될 수 있다는 교훈을 전하고 있습니다.

예 <u>개천에서 용 난다</u>더니 집안 형편이 어려웠던 용수가 올해 검사가 됐다.

두 손뼉이 맞아야 소리가 난다
—
본문 42쪽

박수 소리는 두 손뼉이 맞아야지만 납니다. 한 손바닥으로는 소리를 낼 수 없습니다. "두 손뼉이 맞아야 소리가 난다"라는 속담은 무슨 일이든지 두 편에서 뜻이 맞아야 이루어질 수 있다는 뜻입니다. 즉 도와주는 사람 없이 혼자서 하기는 어렵다는 말입니다. 이 속담은 싸움이나 갈등이 일어나는 것은 두 편 모두에게 책임이 있다는 뜻도 있습니다.

예 <u>두 손뼉이 맞아야 소리가 나지</u> 저쪽에서 일하지 않는데 우리만 일해 봤자 소용이 없다.

콩으로 메주를 쑨다 해도 곧이듣지 않는다
—
본문 46쪽

우리 전통 음식인 된장과 간장은 '메주'로 만든 것이라는 공통점이 있습니다. 메주는 콩을 물에 불린 뒤에 솥에 넣어 삶고, 그 삶은 콩을 절구로 찧은 뒤 직사각형 모양으로 만든 것입니다. 메주를 콩으로 만든다는 것은 의심할 여지없는 확실한 일입니다. 콩으로 메주를 쑨다 해도 곧이듣지 않는다는 것은 아무리 사실을 말해도 믿지 않는다는 뜻입니다. 이 속담은 여러 번 거짓말을 하여 사람들의 믿음을 잃어서 그 사람이 아무리 진실을 말해도 믿지 않게 된 경우에 사용합니다.

예 만날 거짓말만 하는 네 말은 이제 <u>콩으로 메주를 쑨다 해도 곧이듣지 않을</u> 거야.

가지 많은 나무에 바람 잘 날이 없다
—
본문 82쪽

가지가 많고 잎이 무성한 나무는 살랑거리는 바람에도 잎이 흔들려서 잠시도 잔잔해질 날이 없다는 뜻입니다. '가지'는 '자식'을, '바람 잘 날이 없다'는 '걱정이 끊일 날이 없다.'는 뜻을 나타냅니다. 즉 이 속담은 자식을 많이 둔 부모에게는 근심, 걱정이 끊일 날이 없다는 말입니다.

예 <u>가지 많은 나무에 바람 잘 날이 없다</u>고 부모님은 늘 우리 삼 남매를 걱정하신다.

탁상공론
－
본문 18쪽

탁자	탁 (卓)
위	상 (上)
비다	공 (空)
논의하다	론 (論)

어떤 일이나 문제에 대해 여러 명이 모여 논의할 때가 있습니다. 탁자에 모여 오랜 시간 동안 논의를 하면 문제를 해결할 수 있는 좋은 방안이 나와야 하는데, 별다른 소득 없이 의논이 끝나는 때가 있습니다. '탁상공론'은 바로 이런 경우에 사용하는 말입니다. 이 한자 성어는 '책상 위에서 나누는 빈 의논'이라는 뜻으로, 현실을 고려하지 않은 헛된 이론이나 논의를 가리킵니다. 주로 현실과 동떨어져 실천하지 못할 논의를 만들었을 때 사용합니다.

예 태풍 피해를 막기 위한 회의가 열렸으나 탁상공론(卓上空論)에 그치고 말았다.

발본색원
－
본문 26쪽

빼다	발 (拔)
근본	본 (本)
막다	색 (塞)
원인	원 (源)

'발본색원'은 근본을 뽑고 근원을 막는다는 뜻입니다. 이 한자 성어는 좋지 않은 일의 근본 원인이 되는 요소를 완전히 없애 버려서 다시는 그러한 일이 생길 수 없도록 한다는 말입니다. 주로 정치인들의 부정부패와 같은 사회의 바르지 못한 것을 뿌리째 뽑아 다시 그런 일이 생기지 않게 한다는 말로 사용됩니다.

예 이번 사고의 근본적인 원인을 발본색원(拔本塞源)해야 한다.

난공불락
－
본문 42쪽

어렵다	난 (難)
공격하다	공 (攻)
아니다	불 (不)
떨어지다	락 (落)

수학 100점을 맞겠다고 열심히 공부했는데 한두 개 틀리고 만다거나, 농구 시합을 하면 어떤 팀에게는 꼭 지게 되는 것과 같은 경우가 있습니다. '난공불락'은 '공격하기 어려워 쉽게 무너지거나 빼앗기지 않다. 또는 그런 대상'을 뜻합니다. 비유적으로는 '진출하기 어려운 곳 또는 설득하거나 경쟁에서 이기기 어려운 상대'라는 뜻을 나타내기도 합니다.

예 우리 팀은 난공불락(難攻不落)이라서 매번 우승을 한다.

속수무책
－
본문 74쪽

묶다	속 (束)
손	수 (手)
없다	무 (無)
꾀	책 (策)

어떤 일을 해야 하는데 손이 꽁꽁 묶여 있다면 아무것도 할 수 없습니다. '속수무책'은 손이 묶여 어찌할 방법이 없어서 꼼짝 못하다는 뜻입니다. 예를 들어 바로 앞에 목적지에 갈 수 있다는 것을 알고 있지만 차가 막혀서 차 안에서 도착할 때까지 기다리고 있는 상황에 사용합니다. 이처럼 눈으로 보면서도 어찌할 도리가 없어서 발만 동동 구르는 처지를 가리켜 '속수무책'이라고 합니다.

예 적이 쳐들어오는 것을 보면서도 우리 군대가 도망가서 속수무책(換束手無策)이다.

memo

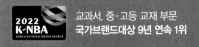

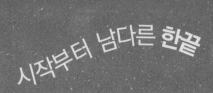

시작부터 남다른 한끝

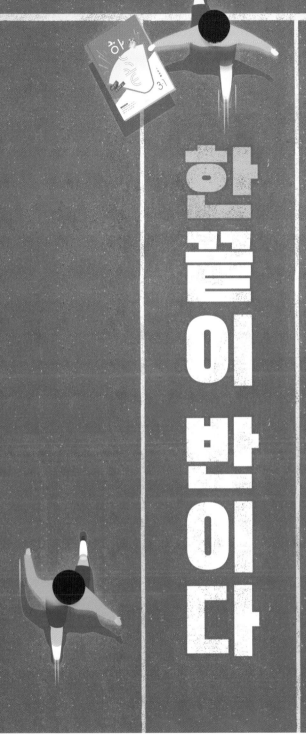

한끝이 반이다

한끝

교과서 학습부터 평가 대비까지 한 권으로 끝!

3100만 권
돌파

• 깔끔한 개념 정리로 교과서 **핵심 내용이 머릿속에 쏙쏙**

• 알기 쉽게 풀어 쓴 용어 설명으로 **국어·사회 공부의 어려움을 해결**

• 풍부한 사진, 도표, 그림 자료로 **어려운 내용도 한번에 이해**

• 다양하고 풍부한 유형 문제와 서술형·논술형 문제로 **학교 시험도 완벽 대비**

초등 국어 1~6학년 / 사회 3~6학년

완자·공부력·시리즈 매일 4쪽으로 스스로 공부하는 힘을 기릅니다.

대표전화 1544-0554

주소 서울특별시 구로구 디지털로33길 48 대륭포스트타워 7차 20층

협의 없는 무단 복제는 법으로 금지되어 있습니다.